小学館文庫プレジデントセレクト

諦める力

為末 大

小学館

文庫版のためのまえがき

最近、昔のパンツをはいてみたら、何か足の動きを制限されているようで窮屈に感じ、一日はき続けることが我慢できなくなっていた。現役を引退した三十代半ばくらいから、パンツは生地と心地よさで選ぶようになったのだが、こうなるとときどき格好いいけれどもはき心地の悪いパンツをはいて慣らしたほうがいいのか、もうお洒落な格好をするのは諦めるかどちらにしようか迷っている。

そんな小さなことには迷いつつも、自分の人生自体はどんどん楽になっている。

僕が現役を引退したのは二〇一二年、ロンドンオリンピックの年だった。その翌年書いたのがこの『諦める力』だが、選手としては出場できなかったオリンピックについて、取材者の視点からけっこう熱く語っている。いま読み返すと、当時はまだ、本当は諦めきれていなかったような気がする。

陸上は引退したものの、「次のレース」について常に考えていた。テレビに出ればどう目立つか。会社を始めたらどうやって大きくするか。反論されたらどうやって論破するか。

あのころから比べると、いま、僕の生活はよほどシンプルになった。「次のレース」について考えることはなくなり、目の前のことを淡々とやるようになった。「次のレース」「目指すべきロールモデル」「倒すべきライバル」……そういったものから解放されたといってもいい。何かができることを常に証明していなくても、自分の使い道を世の中に聞いていけば、自分の居場所がある。そのことにやっと少し自信が持てるようになったのだ。

僕は物心ついたときから人と頂点を争う競争人生で、それ以外の自分のあり方が想像できなかった。レースに出ない自分はもう自分でないのではないか。そんな不安があった。不安をかき消すために出られるレースを見つけて出続けたが、ふと我に返ったとき「あれ、何のためにこのレースに出ているんだっけ?」と思う瞬間が何度かあって、そのうちレースに執着しなくなった。そしていま、レースに出るのとはまた違うところでそれなりに幸福を感じて生きている。

この本には、他人が決めたランキングに惑わされず、何が「勝ち」なのかは自分で定義しようと書いたが、それはすなわち、「価値観をずらす」ことでより自分にとって心地よく、楽しい状態にもっていくということだ。僕自身はこの本を書いたときよりも、それが上手くできるようになっているように感じる一方で、世の中にもこういう発想がもっと浸透すればいいのに、とも思う。

いま、日本では二〇二〇年のオリンピックに向けて準備が進んでいるが、新しいコンセプトの五輪にしようという機運がある一方で、どこかでやっぱり「大きくて立派」なものを目指しているように見える。どこぞの国にはまだ負けていないことを示したい、という気持ちも見え隠れする。経済的に成熟した国としての振る舞いがまだよくわからないなかで、結局、半世紀以上前のオリンピックのときの価値観で進めてしまっているようにも見える。もちろん、そうでない新しい部分もこれから見えてくるのだろう。そのためには「成長」「拡大」といったものにかわる価値観が必要だ。

グローバル化が言われるようになって残念なのは、「世界ランキングで〇〇位」を気にするあまり、「日本で一番」がキラキラしなくなったことだ。誰かが勝手につくった尺度で測った「世界ランキング」に一喜一憂するよりも、「日本で一番」をもっと褒めたらどうだろう。世界ランキングより価値のある国内ランキングだってきっとあるはずだ。

何を自分の軸とするか。どこで個性を出すか。あるとき、日本で成功した起業家の人たちがそんな話をしているのを聞いていたら、彼らが一様に「かくありたい」と言っていたのがビル・ゲイツだった。彼はスティーブ・ジョブズと同時代、同じPCの分野で起業し、一時はジョブズよりはるかに成功したかに見えたが、そう見えているうちにさっさと引退して社会の課題解決のヒーローとなった。つまり、ゲイツはいちはやく起業家から慈善事業家に転換することで、ジョブズがアップルに返り咲いて大スターとなった後も、その影に隠れることはなかったのだ。もちろんゲイツの実際の動機がどこからくるものだったかはわからないが。

ゲイツほどではなくても一度何かの分野で成功をおさめた人が、新しいキャリアに転換するのはけっこう難しい。結果を残したアスリートであっても、セカンドキャリアは楽ではないし、会社でそれなりに出世した人の定年後も同じようなことがいえるだろう。本人は意識していなくても、活躍していたときの「残り香」のようなものがあると鼻につく。

「むかしはすごかった自分」をうまく葬るにはどうしたらいいのか。

まずは、いまの自分を褒めてくれる人を探すことからだと思う。そういう人がいなければ、自分で自分を褒める。簡単なようだが、実はこれがすごく難しい。自分をいままでの価値観から脱洗脳することに等しいからだ。いままでの価値観とは別の尺度を見つけなければ、本気で褒めることはできない。場合によっては、いまの人間関係から距離をおいたり、情報を遮断したり、といったことも必要だろう。

それで思い出すのが以前見た『私の中のあなた』（二〇〇九年・アメリカ）という映画だ。ある母親が、重病を患う長女のために遺伝子操作で次女を産み、輸血、骨髄移植のドナーにした。ついに片方の腎臓提供まで求められた次女が両親を訴えるというやりきれない話である。話のオチは、この訴訟を促したのが実は長女だったということだ。母親は長女を救うために自分の人生を投げ打ち、他者の人生を犠牲にしてまでやれることは何でもしてきたが、長女はそれを望んでいなかった。母親は「長女のため」と言いながら、のめりこみすぎてもう誰のために何をやっているのかわからなくなってしまっていた。

これは極端なケースだが、こういうことは、けっこうあるんじゃないかと思う。いま立ち止まったら何もかもだめになってしまうのではないか。その恐怖に突き動かされて行き先もわからずただ前に進んでいって、しまいには身動きがとれなくなってしまう……。

そういう状況から抜け出すための「価値観ずらし」に、この本が少しでも役に立つようであればとても嬉しい。文庫版に追加収録した、「暗黙のルール」「人が盲信するとき」「やめる練習」三つのエッセイも、そんな思いで書いている。

二〇一八年九月　　為末 大

はじめに

「諦める」という言葉について、みなさんはどのような印象を持っているだろうか。


「スポーツ選手になるのを諦めた」

「一流大学に行くのを諦めた」

「夢を諦めた」


いずれも後ろ向きでネガティブなイメージである。

辞書を引くと、「諦める」とは「見込みがない、仕方がないと思って断念する」という意味だと書いてある。しかし、「諦める」には別の意味があることを、あるお寺の住職との対談で知った。

「諦める」という言葉の語源は「明らめる」だという。

仏教では、真理や道理を明らかにしてよく見極めるという意味で使われ、むしろポジティブなイメージを持つ言葉だというのだ。

　そこで、漢和辞典で「諦」の字を調べてみると、「思い切る」「断念する」という意味より先に「あきらかにする」「つまびらかにする」という意味が記されていた。それがいつからネガティブな解釈に変化したのか、僕にはわからない。しかし、「諦める」という言葉には、決して後ろ向きな意味しかないわけではないことは知っておいていいと思う。


　さらに漢和辞典をひもとくと「諦」には「さとり」の意味もあるという。

　こうした本来の意味を知ったうえで「諦める」という言葉をあらためて見つめ直すと、こんなイメージが浮かび上がってくるのではないだろうか。

「自分の才能や能力、置かれた状況などを明らかにしてよく理解し、今、この瞬間にある自分の姿を悟る」

　諦めるということはそこで「終わる」とか「逃げる」ということではない。そのことを心に留めながら、本書を読んでいただければと思う。

目次——諦める力

第3章　現役を引退した僕が見たオリンピック

第4章

他人が決めたランキングに惑わされない

第5章 人は万能ではなく、世の中は平等ではない

第6章 自分にとっての幸福とは何か

第1章

諦めたくないから諦めた

一八歳の決断

僕は八歳のとき、姉の影響を受けて陸上を始めた。

競技生活のスタートは、地元広島県にある陸上クラブだった。速く走りたいと思って陸上を始める多くの少年少女が憧れるように、僕も花形種目の短距離に取り組んだ。走り始めると、すぐに頭角を現した。身体的に早熟だったこともあり、経験を積むにつれてタイムは急激に伸びていった。

全日本中学校選手権（全中）は、中学生最高峰の大会と呼ばれている。僕は中学二年の夏、一〇〇メートルで七位入賞を果たした。翌年、三年生になった僕は、同じ全中で一一秒〇八のタイムで同世代のトップに立った。その年、一〇〇メートル、二〇〇メートル、四〇〇メートル、走り幅跳びなど複数の種目で中学ランキングの一位になった。

ところが、そこまできわめて順調だった僕の陸上人生は、早くも高校三年生のインターハイから狂い始めた。

インターハイとは、全国高等学校総合体育大会のことだ。すべてのスポーツに取り組む高校生が憧れる、スポーツの祭典である。

僕はこの大会で一〇〇メートル、二〇〇メートル、四〇〇メートルの三種目にエントリーしていた。しかし、顧問の先生が僕に黙って一〇〇メートルのエントリーを取り消してしまっていた。一〇〇メートルのスタートリストに自分の名前がない。驚いた僕は先生に詰め寄った。一〇〇メートルでの優勝を狙っていた僕は、顧問の先生と言い合いになるほど激昂した。

冷静になってよくよく話を聞いてみると、先生が一〇〇メートルのエントリーを外した理由は、僕の肉体を思ってのことだった。

僕は早熟で、高校生の段階である程度肉体は完成していた。だが、瞬発力と爆発的なスピードが必要な一〇〇メートルの試合で、肉離れを繰り返していた。先生は、高校生最後の年は肉離れをさせたくないと考え、一〇〇メートルより多少スピードが遅くなる二〇〇メートルと四〇〇メートルの二種目に絞ったのだ。

「高校最後の年のインターハイと国体は二〇〇と四〇〇に絞って、大学に入ってから一〇〇に専念したらいいじゃないか」

先生はそう言って僕を説得した。渋々ながら同意した僕は、二〇〇メートルと四〇〇メートルに出場した。四〇〇メートルでは、当時の日本ジュニア新記録となる四六秒二七のタイムで優勝した。

一〇〇メートルは、数ある種目のなかでも競技人口が突出して大きい。多くのアスリートが一〇〇メートルに参入するが、特別に才能のあるアスリートだけが残り、可能性の見えないアスリートは去っていく厳しい世界だ。それでもなお競技人口が最も多いのが一〇〇メートルという種目であり、その頂点はとてつもなく高い。

当時の僕は、同世代の日本人のなかではトップクラスにいた。だが、だんだんほかのアスリートに追いつかれ始めていた。レースによっては、ライバル選手に勝てなくなっていたのも事実だった。肉離れを繰り返していたことを考えても、僕の肉体は一〇〇メートルに向いていなかったのだと思う。

インターハイのエントリーを削除したとき、先生は「おまえは、この先一〇〇メートルでは勝負できない」とは言わなかった。だが、以前から四〇〇メートルハードルに取り組むことを勧められていた。おそらく先生は、かなり早い段階で僕の限界を見抜いていたのだと思う。

結局、インターハイのあとの大会でも、一〇〇メートルに出場することはなかった。

僕は一〇〇メートルを走ることを諦め、四〇〇メートルと四〇〇メートルハードルに絞ることにした。

高校三年生、一八歳の僕としては、人生の転機とも言うべき苦しい決断だった。

努力しても無理かもしれない

四〇〇メートルを走ると明らかに自分に向いているという感触があったが、それでも僕の心のなかには、まだ一〇〇メートルに対する未練が残っていた。なかば自分を納得させるために、さまざまな分析をして、いかに自分の選択が正しかったかを数値で確かめようとした。

まずは、自分自身の分析である。

僕は早熟で、小学生のころからぐんぐん身長が伸びた。しかし、その伸びは中学三年生でピタリと止まっていた。中学三年生のときの身長と、三四歳で引退するときの身長は、まったく変わっていない。ついでに言うと、体重もほとんど同じである。

肉体的な成長と歩調を合わせるように、一〇〇メートルのタイムも急激に伸びた。ところが、高校三年のインターハイ前までに記録した自己ベスト一〇秒六は、中学三年生での自己ベストとほとんど変わらなかった。

次に、ライバル選手の分析を試みた。

中学三年生の時点で一一秒二だった選手が、高校三年生になると、僕の記録をおびやかすくらいまで駆け上ってきていた。その時点では、僕のベストタイムを超えていなかったが、僕とライバル選手のタイムの変化をグラフ化すると、そう遠くない時期に僕を超えていくのは明らかだった。

しかも、中学三年生のときに僕より身長の低かったその選手が、高校三年生では僕よりもはるかに高くなっている。そうした分析結果を見ても、結果は明らかだった。

「これはどう考えても抜かれるよな……」

「確かに、一〇〇メートルでの俺には先がないよな……」

陸上や水泳などのスポーツの場合、結果が数字として明確に突きつけられる。自分の実力を把握するのは容易なことだ。

さらに世界ジュニアという大会で世界のトップクラスのアスリートを目の当たりにした。日本一の高校生たちがまったく相手にされずに予選落ちしていくのを見て衝撃を受けた。ジュニアといえど、世界レベルになると九秒台に近いタイムで選手たちは走る。

この衝撃は大きかった。

僕は、このとき初めて「努力しても一〇〇メートルでトップに立つのは無理かもしれない」という感覚を味わった。

高校三年生までは「がんばれば夢はかなう」という意識で生きてきた。陸上で最も強いやつらのなかで、絶対に俺が一番になってやるという野望を持っていた。ところが、僕はかつてのライバルや後輩たちに試合で負け、一〇〇メートルで勝てるという自信を持てなくなっていった。

そのころから、顧問の先生に勧められていた四〇〇メートルハードルという種目を意識的に見るようになった。すると違う意味で驚かされた。

世界のトップが集う国際大会のレースだというのに、走ってきた選手がハードルの手前に来るとチョコチョコと歩幅を合わせるような動きをしている。そういう無駄な動きをしている選手が、金メダルを取っているのだ。

そのときに抱いた率直な感想はこうだ。

「一〇〇メートルでメダルを取るよりも、四〇〇メートルハードルのほうがずっと楽に取れるのではないか」

にもかかわらず、一〇〇メートルでも四〇〇メートルハードルでも、つまり楽をしようが苦労しようが、金メダルは金メダルである。僕は次第にこう考えるようになった。

「これだったら、四〇〇メートルハードルでメダルを狙うほうが、一〇〇メートルで狙うよりよほど現実味がある」

一九九二年に開催されたバルセロナオリンピックで、四〇〇メートルの高野進さんが決勝に進出した。世間では「ファイナリスト」という言葉が盛んに使われるようになっていた。そのころから、日本人が短距離でメダリストになることが、まったくの夢物語というわけではなくなっていた。

もちろん、世間の人から見た一〇〇メートルと四〇〇メートルハードルのインパクトはまったく異なる。それでもメダルはメダル。同じメダルであるにもかかわらず、取りやすさがまったく違った。僕は体格的にもこの競技にマッチするだろうという予測もできた。四〇〇メートルハードルなら、僕にもメダルが取れるかもしれない。そう考えて、僕はこの競技に転向した。

ただし、感情的にはそう簡単に割り切れたわけではない。一〇〇メートルという陸上の花形種目からマイナー種目である四〇〇メートルハードルに移った時点で、僕は一時期、強い葛藤に見舞われた。

「割り切った」

「諦めた」

「逃げた」

こうしたネガティブな感覚を持ち続けた。それを人に言いたくなくて、心のなかに隠しておくことが大きなストレスになった。

手段を諦めることと目的を諦めることの違い

　僕は二〇一二年のロンドンオリンピック予選に敗れて引退したが、そのときは不思議なほど迷いや葛藤はなく、スッと舞台から降りる感覚だった。今の僕にとって、何かを「やめる」ことは「選ぶ」こと、「決める」ことに近い。もっと若いころは「やめる」ことは「諦める」こと、「逃げる」ことだった。そのように定義するとどうしても自分を責めてしまう。

　僕は一八歳で花形種目の一〇〇メートルから四〇〇メートルハードルに転向したが、普通、一八歳といえば、夢に向かってがむしゃらにがんばっている時期だろう。

「諦めるのは早い」

　一般的にも、まだまだそう言われる年齢だ。僕は諦めたことに対する罪悪感や後ろめたさを抱きながら競技を続けていた。しかし、時間が経つにつれて、四〇〇メートルハードルを選んだことがだんだんと腑に落ちるようになった。

「一〇〇メートルを諦めたのではなく、一〇〇メートルは僕に合わなかったんだ」

いつのまにか、無理なくそんなふうに考えられるようになっていた。すると、自分の決断について、よりポジティブな意味を見出すことができるようになった。

「一〇〇メートルを諦めたのは、勝ちたかったからだ」

「勝つことに執着していたから、勝てないと思った一〇〇メートルを諦めた」

「勝つことを諦めたくないから、勝てる見込みのない一〇〇メートルを諦めて、四〇〇メートルハードルという勝てるフィールドに変えた」

つまりは、自分の腹の奥底にある本心を言語化することができたのである。

「勝つことを諦めたくない」

そう、僕は「AがやりたいからBを諦めるという選択」をしたに過ぎない。

誤解のないように言っておくが、僕は四〇〇メートルハードルをやりたかったから一〇〇メートルを諦めたわけではない。初めて世界の舞台を見て、ここで勝ってみたいと思ったのだ。しかし一〇〇メートルにこだわっているかぎり、それは絶対に無理だと思われた。


多くの人は、手段を諦めることが諦めだと思っている。

だが、目的さえ諦めなければ、手段は変えてもいいのではないだろうか。

僕は四〇〇メートルハードルに移ってからほぼ三年間、いろいろなことを試行し、また、思考し続けた。最初は自分を納得させたい一心だったが、自分の置かれた状況と自分の持っている身体や能力を客観的に分析していった結果、「四〇〇メートルハードルに移ってよかった」という結論にたどり着いた。

陸上界で最も「勝ちにくい」一〇〇メートルを諦めて、僕にとって「勝ちやすい」四〇〇メートルハードルにフィールドを変えたのは、僕が最も執着する勝利という目的を達成するために「必要だった」と納得できたからだ。

四〇〇メートルハードルは、一〇〇メートルに比べて競技人口が圧倒的に少なく、当時はまだそれほど多くの国が参入していなかったこともあって、戦略的にも洗練されていなかった。だから「華やかさに欠け、注目されない」種目だったとも言える。しかし、見方を変えれば「だからこそ勝ちやすい」のである。

一〇〇メートルで決勝にも出られない人間と、四〇〇メートルハードルでメダルを取れる人間。どちらに価値があると自分は思うのだろうか。

問いを変えることで、答えも変わってくるのである。

「勝ちやすい」ところを見極める

こうした考えを表明することは、今の日本ではリスクが大きい。

「私がこの種目を選んだのは、勝ちやすいからです」

そんなことを言おうものなら、世間の人は言うだろう。

「動機が不純だ」

特にスポーツ界においては「動機の純粋さ」というものが尊ばれる。日本人はとくに、どんなに不利な条件に置かれても、不断の努力によってそれを克服し、頂点に上り詰めた成功者のストーリーを好む傾向がある。

ただし、階級のあるスポーツにおいては、勝ちやすさの追求は戦略の一つとして認められている。ロンドンオリンピックの女子レスリングを思い出してほしい。

女子五五キロ級には、国民栄誉賞を受賞した吉田沙保里さんという絶対的な強さを誇るチャンピオンがいる。一つ上の六三キロ級の伊調馨さんも、国内のみならず世界的にも圧倒的な強さを誇っている。しかし、伊調さんが吉田さんと同じ階級で戦っているとき、伊調さんは吉田さんにほとんど勝てなかった。伊調さんが世界の頂点に立ったのは、吉田さんとは違う階級に移ってからのことだ。

階級を移って成功した選手がもう一人いる。吉田さんの一つ下の四八キロ級で金メダルを獲得した小原日登美さんだ。小原さんは、一度は引退して競技生活から離れていた。現役に復帰するにあたって選択したのは、妹さんの引退した階級を埋める目的もあっただろうが、かつて完敗した吉田さんの階級とは重ならない四八キロ級だった。伊調さんも小原さんも、世界で勝ちたいという目標があった。だから、吉田さんがいる以上勝てる確率が限りなく低い五五キロ級から、別の階級に移るという選択ができたのだと思う。

現役生活を引退してどのような業種に進もうかと考えたときも、僕は「自分が勝てる場所」をかなり意識した。アスリートが引退したあとの進路としては、スポーツキャスターが最も脚光を浴びるフィールドだろう。しかし、この分野は競争が激しく、なまじの実績だけでは通用しないフィールドである。仮に勝ったところで社会にインパクトを与えるという僕自身の人生の目的に近づけるかわからない。

僕は、「スポーツ社会学」という分野に可能性を感じている。スポーツ社会学という分野は、スポーツキャスターに比べれば、僕にとって勝ちやすい分野だろう。にもかかわらず、社会に与えるインパクトは大きい。スポーツ社会学は間口の広い分野だが、僕のような現役を経験した者は、座学の人にはない持ち味が出せると思う。

僕の今の目標は「勝つこと」以前に「生き延びる」ことである。二〇一二年六月に引退して、とにかく乱れ打ちのようにいろんなことをやった。引退特需と、それから元アスリートという肩書が使えることもあって、仕事はそれなりに回っていたけど、僕の予想だと大体一年半くらいで賞味期限がくる。

北京五輪のメダリストが何をやっているのか知っている人が少ないように、ロンドン五輪で引退したアスリートもすぐそうなる。新しいアスリートもドラマもどんどん生まれていくから、今脚光を浴びているアスリートたちはどんどん昔の人になっていく。「知名度があれば大丈夫」という周囲の言葉を鵜呑みにしているとあっという間に忘れ去られてしまうのだ。

メディアの仕事は数年前と比べても収入的にも厳しい時代に入っていて、これはもっと加速するだろう。僕は、メディアに出ることを本業として生き延びる自信がない。仮に日本である程度の知名度を保てたとしても、日本という市場自体が縮小していくことは確実である。となると、日本における知名度の相対的価値は減るだろう。そうすると日本での知名度をどうやって何に転換しておくか、日本の外でどう稼ぐか、会社や国が滅んでも、生き延びられる力と仕組みをどうつくるか、そんなことまで考えておく必要がありそうだ。

そんなに悲観的にならなくてもよいという意見もあるだろうが、都合の悪い未来を前にして受け入れられる人と、そうでない人の行動は往々にして逆になったりする。楽観的にかまえすぎると危機に気づかないこともあり、悲観的になっていろいろ準備しておくことが安心を生んだりもする。

環境がどうあれ、とにかく生き延びる。それを目標に自分の力をつけて、仕組みをつくっていきたい。

憧れの人は自分の延長線上にいるか？

今の若い人はカール・ルイスという稀代のアスリートをご存じないかもしれない。ルイスは、一九八〇年代から九〇年代前半を代表するトップアスリートだった。一九八四年のロサンゼルスオリンピックと、一九八八年のソウルオリンピックの一〇〇メートルで金メダルを獲得。そのほかにも二〇〇メートル、走り幅跳び、四〇〇メートルリレーなどで九個の金メダルを獲得した。現在のアスリートにたとえるなら、ウサイン・ボルトのような存在である。

中学一年生のとき、東京で開催された世界陸上をテレビで見た。ルイスが一〇〇メートルを九秒八六の世界新記録で駆け抜けたシーンを見て、僕はルイスのようになりたいと強烈に思った。

当時の僕は伸び盛りだった。中学三年生のときの一〇〇メートルのタイムは、ルイスが同じ年齢のときの記録を上回っていた。ルイスのようになるという夢は本当にかなうと信じてひたすら練習に励んだ。しかし、その後高校に入ってその夢がどのように遠ざかっていったかは前述したとおりである。

ずっとあとになって、僕はルイスの走る姿を生で見たことがある。

そのときの率直な感想は、「自分の延長線上にルイスがいる気がまったくしない」というものだった。僕がいくらがんばっても、ルイスにはなれない。僕の努力の延長線上とルイスの存在する世界は、まったく異なるところにあると感じた。


世の中には、自分の努力次第で手の届く範囲がある。その一方で、どんなに努力しても及ばない、手の届かない範囲がある。努力することで進める方向というのは、自分の能力に見合った方向なのだ。

自分とは違う別人をモデルにして「あの人のようになりたい」と夢想する人は多い。そのときに気をつけなければならないのは、その人と自分の出発点がそもそもまったく違うということだ。

それでも「似たタイプ」であれば、近づくことも、追い抜くことも可能だと思う。しかし、純粋な憧れだけである人を目標に努力した場合、それが自分自身の成長を阻害する要因になることもありうる。

たとえば、四〇〇メートルを走る選手の走法は、一〇〇メートルの選手と比較するとおおらかな動きをする。身体的には四〇〇メートルに適した選手が、一〇〇メートルの選手をイメージして努力を続けていくと、きびきび動こうとして自分の持つおおらかさを削っていくことになる。これは、陸上界では陥りがちな例だ。

憧れの存在を持つなとは言わない。

ただ、自分の憧れる存在が本当に自分の延長線上にいるかどうかということを、しっかりと見極めるのは非常に大事なことになってくる。自分とはまったく接点のない人に憧れて、自分の短所を埋めているつもりが長所ごと削り取っている人はかなりの数に上ると思う。僕はこれを「憧れの罠」と呼んでいる。

ビジネスの世界でいえば、スティーブ・ジョブズに憧れるようなものだ。自身の創り上げたアップルという会社の絶頂の極みにおいて、五六歳という若さで亡くなったこともあって、スティーブ・ジョブズはビジネス界の不動のスーパースターとなった。しかし、ジョブズは非常に個性の強い人だったので、彼のスタイルだけを真似ると、ただの「イヤなやつ」になってしまわないともかぎらない。自分の能力や性格を脇に置いてジョブズを記号的に礼賛することに危うさも感じる。

多くの場合、天才の真似をしてもだいたい失敗する。自分の体と性格に生まれついてしまった以上、なれるものとなれないものがあるのは間違いないことだ。

僕の場合、一七〇センチという身長ではおそらく水泳は無理だ。たぶん野球も難しいだろう。四〇〇メートルハードルは自分に合っていたが、最初はいけると思った一〇〇メートルでも、結局のところ向いていなかった。今考えると、いっそ陸上をきっぱりとやめて、体操に移っていたらどうなっただろう、とも思う。身体能力や競技の特性を考えると、体操は案外僕に向いていると思うのだ。

そうはいっても、体操選手で一〇歳以降から競技を始めて五輪に行った選手はほとんどいない。ああいった空中感覚はある年齢までにつかまないと、その後に身につけることは難しい。

人生は可能性を減らしていく過程でもある。年齢を重ねるごとに、なれるものやできることが絞り込まれていく。可能性がなくなっていくと聞くと抵抗感を示す人もいるけれど、何かに秀でるには能力の絞り込みが必須で、どんな可能性もあるという状態は、何にも特化できていない状態でもあるのだ。できないことの数が増えるだけ、できることがより深くなる。

人間は物心ついたときにはすでに剪定がある程度終わっていて、自分の意思で自分が何に特化するかを選ぶことができない。いざ人生を選ぼうというときには、ある程度枠組みが決まっている。本当は生まれたときから無限の可能性なんてないわけだが、年を重ねると可能性が狭まっていくことをいやでも実感する。最初は四方に散らかっている可能性が絞られていくことで、人は何をすべきか知ることができるのだ。

負け戦はしない、でも戦いはやめない

「勝ちたい」という目的がある人は、「自分の憧れが成功を阻害する」可能性をドライに認識すべきであろう。だが、そうした分析の話をし始めると、急に「あの選手は自分の弱点を乗り越えて成功した」という成功例が引き合いに出される。

たとえば、バレーボールで「世界一背の低いセッターなのに、身長のハンディを乗り越えて栄冠を勝ち取りました」というような事例が出てくる。それを真に受けた人が「自分もがんばればできるんだ」という気になってしまう。

しかしながら、適性から判断すれば短距離でオリンピックに出場していたはずのアスリートが、バレーボールのセッターに固執してしまったために才能を開花させることができなかった、といったことが、実際には数かぎりなく起きていると思う。

これはスポーツにかぎったことではない。本当は弁護士や会計士や医者として成功するはずの人が、なまじバレーボールもうまかったために、オリンピックを目指して他の才能を開花させる機会を逸してしまうケースだってあるはずだ。

人間には変えられないことのほうが多い。だからこそ、変えられないままでも戦えるフィールドを探すことが重要なのだ。

僕は、これが戦略だと思っている。

戦略とは、トレードオフである。つまり、諦めとセットで考えるべきものだ。だめなものはだめ、無理なものは無理。そう認めたうえで、自分の強い部分をどのように生かして勝つかということを見極める。

極端なことをいえば、勝ちたいから努力をするよりも、さしたる努力をすることなく勝ってしまうフィールドを探すほうが、間違いなく勝率は上がる。

「だって、僕がこの分野に行けば有利なんだよね」

そこから考えることが戦略だ。孫子は「戦わずして勝つ」ことを善としている。勝つためには、最初から負けるフィールドを選ばないことが重要なのだ。

最高の戦略は努力が娯楽化することである。そこには苦しみやつらさという感覚はなく、純粋な楽しさがある。苦しくなければ成長できないなんてことはない。人生は楽しんでいい、そして楽しみながら成長すること自体が成功への近道なのだ。

こういうことを言うと、「じゃあ、別のフィールドに移ろう」と安易に流れる人も出てくる。さしたる努力もせずに移動を繰り返すのは、諦めていいということを何もしなくていいことだと解釈しているからだ。「諦めてもいい」が、「そのままでいい」にすり替わっている。

僕が言いたいのは、あくまでも「手段は諦めていいけれども、目的を諦めてはいけない」ということである。言い換えれば、踏ん張ったら勝てる領域を見つけることである。踏ん張って一番になれる可能性のあるところでしか戦わない。負ける戦いはしない代わりに、一番になる戦いはやめないということだ。「どうせ私はだめだから」と、勝負をする前から努力することまで放棄するのは、単なる「逃げ」である。

第2章

やめることについて考えてみよう

続けることはいいことなのか？

それまでやってきたことをやめるときには、後ろめたさ、歯がゆさ、恥ずかしさなど、さまざまなネガティブな感情が出てくるものだ。途中で投げ出すやつ、というレッテルを貼られたくない、格好悪い、できることならやめたくない。多くの人がそう考えるだろう。

では、このまま続けても結果が出そうにないと気づいたとき、それでもやめないことはいいことなのだろうか。

この場合、やめない理由は、大きく分けて二つある。

「好きなことだからやめない」

「今まで続けてきたからやめない」

違いは、自分の中での割り切りを意識しているかどうかである。

「私はこれを好きでやっている。たぶん成功しないこともわかっている。でも、好きでやっているのだからそれでいい」

これが割り切っている人の考え方である。割り切ったうえでやめないことを自ら選択しているケースについては、他人がとやかく言う筋合いはない。好きなことをしているのが幸せだというのであれば、成功を追求することよりもむしろ、取り組むことそのものに意味がある。

一方、割り切っていない人の考え方はこうだ。

「私にはこれしかない。今以上に努力を続けていれば、いつか成功できるはずだ」

努力すればどうにかなるという考え方だと、成果を出せないままズルズルと続けてしまいかねない。何かを達成したいという欲求があるのなら、自分が好きなだけでなく、自分に合った得意なものを選択するだろう。

「今まで一生懸命やってきたし、続けていれば希望はある」

こう考える人は、もしかしたら自分を客観視できていないのかもしれない。一生懸命やったら見返りがある、という考え方は、犠牲の対価が成功、という勘違いを生む。すべての成功者が苦労して犠牲を払っているわけではなく、運がよかったり要領がよかったりして成功した人のほうが実際は多いのではないだろうか。

このままではものにならないからといってスパッと方向転換をして目覚ましい成功をおさめた最もわかりやすいケースが二〇一二年にノーベル生理学・医学賞を受賞した、京都大学iPS細胞研究所所長の山中伸弥さんだろう。

神戸大学医学部を卒業した山中さんは整形外科医になることを志し、国立大阪病院整形外科で研修医として働き始めた。ところが、ほかの研修医が二〇分で終わらせられるような簡単な手術に、二時間もかかった。指導医からは、邪魔者扱いされるほど下手だったという。「おまえは山中ではなく〝じゃまなか〟だ。手術は手伝わなくていい」とまで言われた。

自分は整形外科医に向いていない。整形外科医を続けるには決定的に何かが欠けている。そう考えた山中さんは、ほかの理由も重なって病院を退職、研究者になるために大阪市立大学大学院医学研究科に入学したという。その後の輝かしい成果は、誰もが知るとおりである。

山中さんには、整形外科医になるという目的ではなく、病気に苦しんでいる患者さんを治したいという使命感があった。だから、自分が整形外科医に向いていないと感じ取った時点で、目的に到達するための別のアプローチを模索されたのだろう。

そもそも、自分は何をしたいのか。

自分の思いの原点にあるものを深く掘り下げていくと、目的に向かう道が無数に見えてくる。道は一つではないが、一つしか選べない。

だから、Aという道を行きたければ、Bという道は諦めるしかない。最終的に目的に到達することと、何かを諦めることはトレードオフなのだ。何一つ諦めないということは立ち止まっていることに等しい。

できないのは努力が足りないからか？

「やればできる」
「夢はかなう」
「きみには才能がある」

これまで多くの人が誰かに言われてきた言葉だろう。この言葉に励まされたからこそ成功を手にした人がいることは否定しない。こうした言葉を伝えることが優しさという時期もある。

だが、ほとんどの人はこの言葉を信じて努力したにもかかわらず、成功を手にできなかったはずだ。言葉が重荷となり、プレッシャーに負けてしまったり、やめる時期を逸してしまった人も少なくないのではないだろうか。

日本人は、この「やればできる」という言葉を好んで使う。

しかし、言葉の意味をよく考えると、おかしなことに気づく。少しひねくれた意地悪な物言いかもしれないが、あえて言う。

「それじゃあ、できていない人はみんな、やっていないということなんですね？」

論理的に突っ込んでいくと、成功と努力の相関関係はどんどん曖昧になる。僕は、競技人生を続けている間、この問題とずっと向き合ってきた。

競技生活に入ってから僕が最初に信じたモデルは「努力すれば夢はかなう」だった。勝てないとき、記録が出ないときは、自分の努力が足りないと考えた。自分の行動を仔細に検証し、さらに自分を追い込んでトレーニングをした。しかし、それでも結果は出なかった。そうなると、努力が足りないからできないという単純な話ではないように思えてきたのだ。

「努力しても夢がかなわないのであれば、努力なんかする意味がないじゃないか」

「いや、でもまあ、そういうわけでもないような気がするな」

「やればできる、夢はかなうと言っておけば、とりあえずみんながんばるのかもしれない。そうすると、いちおう社会全体が前に進んでいくから、やればできるという考え方が奨励されているのかもしれない」

とりとめもなく考えているうちに、やってもできないかもしれないけれど、やるための知恵のようなものを考えるようになった。おそらく僕はそういうことを考え続けたことによって、二五年間も現役生活を続けることができたのだろう。世界陸上で二つの銅メダルを取ることができたのも、そのおかげかもしれない。

アスリートは、二十代中盤ぐらいである程度勝負が決まってしまう。体操やフィギュアスケートのようにもっと早くに勝負がついてしまう種目もある。

その年齢から急激に成績が伸びて勝てるようになったり、ましてや世界記録を狙うレベルに飛躍的に成長したりする可能性はほとんどない。そのあたりからの競技人生は、やってもできない自分、努力しても夢がかなわない自分との戦いになる。どのようにして自分を納得させるか。それでも競技を続けるためのモチベーションをいかに保っていくか。もしくはいつ撤退するか。こうしたことに神経を集中させていかなければならない。

ビジネスの世界では、三十代半ばから四十代前半あたりがそうした年齢に当たるだろうか。いずれにしても「先が見えてくる」ころからは、「やればできる」「諦めなければ夢はかなう」というロジックだけでは人生はつらいものになっていくだろう。

諦めないことの代償

年齢の壁と戦うアスリートに対しては、例外なく賞賛の声援が送られる。肉体の衰えを厳しいトレーニングによって食い止めながら、試合に出ることを諦めず、かたくなに現役にこだわるベテラン選手の姿勢に、私たちは心を打たれる。その一方で、いたずらにスポーツを長くやりすぎたため、人生を狂わせてしまったアスリートが数多くいることはあまり知られていない。

もう少し、もう少し、とやめる時期を延ばした結果、就職するタイミングを逃してしまって生活が立ちゆかなくなったアスリート。結婚話が持ち上がっている恋人がいるにもかかわらず、成功する見込みのない競技を諦めきれずに続けた結果、結婚を約束した相手に逃げられてしまったアスリート──。

スポーツを諦めずに長く続けることは、いいことばかりなのだろうか。僕は決してそうではないと思っている。ほとんど語られていないので多くの人は知らないだろうが、いざというときに切り替えられなかったため、人生に弊害が出てしまったアスリートはかなりの数に上る。

引退したアスリートのセカンドキャリアの成功例を見ると、指導者か解説者かタレントしかいないのではないかというほど偏っている。そのなかで、最も現実的なセカンドキャリアである指導者への道も、そう簡単に進めるわけではない。

そもそも、学校の先生が二〇人ぐらいの部員を指導していたとしたら、その二〇人すべてが先生になれるわけではないというのは誰にでもわかることだ。しかも、一般的には二十代前半で先生になった人は、多くの場合六〇歳の定年まで先生を勤め上げるので、先生の数は、どんどん増えていく。実績と知名度のあるオリンピアン以外のアスリートが指導者になれる確率は、それほど高いはずがないのである。それにスポーツ産業もそれほど大きな市場があるわけではない。

そうすると、オリンピックを目指して競技生活を続けたアスリートのほとんどは、一般社会に出てスポーツとは関係のない職業を選ばざるをえない。しかし、三五歳まで競技生活を諦めなかったアスリートが、社会経験がまったくない状態で就職活動をしたとしても、採用してくれる企業はほとんどない。そのために、生活が相当苦しくなっている元アスリートを、僕は何人も知っている。

本人が納得しているのであれば問題はない。そういう状態に陥るリスクを承知のうえで現役生活を引き延ばしたのだから、苦しい生活になってしまったとしても悲壮感はない。問題は、現役時代に何も考えず、納得していない元アスリートが多いことだ。

「見込みもなかったのに、なんでここまでやっちゃったんだろう」

「こんなことになるんだったら、二十代の前半ぐらいに、いろいろな人に話を聞いておけばよかった」

「もしかしたら、チャンピオンスポーツではなく、会社に勤めながらそれなりにスポーツをやるという選択肢もあったんじゃないか」

　元アスリートのこうした声を、マスコミはほとんど取り上げない。取材したとしても感動を呼ぶような話題ではないので、表に出ることはまずない。

　だが、こと陸上にかぎっても、後悔や疑問の声は頻繁に聞こえてくる。まったく気づかないで競技に没頭していたのならともかく、自分の将来に薄々気づいていながら諦める、やめるという選択に踏み出せなかった背景には、何かこの社会の根源的な問題があるような気がしてならない。

応援してくれる人が責任をとってくれるわけではない

競技生活を続けることも、その結果、引退後の生活が苦しくなるのも、最終的には本人の責任である。

ただ、グラウンドにいるアスリートの価値観は、率直に言って偏っている。僕も経験があるからよくわかるのだが、長くやり続けることは称賛されることはあっても、批判されることはまずない。周囲も「諦めないでがんばって」と応援してくれるので、それに勇気づけられてがんばってしまう。

結果として、成功を手にすることができずにやめたときに、アスリートはスポーツ界にしか知り合いがいないので、人脈に広がりがない。現役時代に「諦めないでがんばって」と応援してくれた人は、あくまでもアスリートとしてのその人を応援したにすぎない。引退した年齢が遅かったことで就職がうまくいかないことがあっても、手を差し伸べてくれるわけではない。

アスリートのやめ時とセカンドキャリアの問題は、スポーツ界の知られざる問題だ。

一般的に、普通の体育会系の人は就職をするときに有利だというイメージがある。体育会というレベルをはるかに超えたプロのアスリートであれば、引退後のキャリアも引く手あまただと思われているかもしれない。

しかし、現実はそれほど甘くはない。

確かに、オリンピックに出場したアスリートであれば、とりあえず就職するところまでは進めるだろう。しかし、オリンピック予備軍で終わるアスリートの現実は厳しい。

そもそも、二〇一二年のロンドンオリンピックに出場した選手団の一〇倍以上のアスリートは、日本を代表する競技水準を備えたトップアスリートだ。たとえば、四〇〇メートルハードルでも三人のアスリートがオリンピックに出場したが、オリンピック選考会となる日本選手権には四〇名ほどが出場している。こうしたアスリートたちがオリンピック選手のように優遇されることは、まずないと言ってもいい。

僕もそうであったように、選考会でオリンピックに出場できないことが決まると、エントリーした選手の二割から三割は引退する。決断のときが二十代前半であれば、企業サイドとしても新卒と混ぜてしまえば何とかなると判断されることもある。

しかし、引退したアスリートの年齢が三十代半ばを超えていたらどうだろう。新卒に混ぜてしまうのはどう考えても難しそうだし、そうかといって中途採用とするには、能力的にも経験的にも無理がある。悲しいかな、就職において体育会系が人気があるのは新卒にかぎった話で、三〇歳を超えたアスリートの人気は低い。

アスリートにとって、応援は何よりありがたいものだ。勇気づけられ、励みにもなり、モチベーションが上がる要因の一つであることは間違いない。ただ、応援してくれる人が一人でもいるかぎり現役を続けたいという考え方をしていては、引退後のキャリアで苦労するのは目に見えている。それは、応援してくれる人の責任ではなく、自分の責任でしかない。

「せっかくここまでやったんだから」という呪縛

経済学に「サンクコスト」という考え方がある。

埋没費用といって、過去に出した資金のうち、何をしても回収できない資金のことをいう。ある映画を観ようと一八〇〇円を支払って映画館に入ったが、二時間の作品の三〇分を観たところで、耐えられないほどつまらないと感じたとする。しかし、入館して途中まで観てしまった以上、支払った一八〇〇円を取り戻すことはできない。これがサンクコストだ。

あなただったら残りの一時間半をどのように行動するだろうか。

人はつい「せっかく一八〇〇円払ったんだから」という理由だけで、最後まで映画を観るという選択をしがちだ。しかし、つまらない映画を観続けることで、一八〇〇円のサンクコストだけでなく、そこで映画館を出ていれば有効に使えたかもしれない一時間半という時間まで無駄にすることになる。経済学では、今後の投資を決定するときに、絶対に返ってこないサンクコストを考慮しないのが鉄則とされている。

日本人は「せっかくここまでやったんだから」という考え方に縛られる傾向が強い。過去の蓄積を大事にするというと聞こえはいいが、実態は過去を引きずっているにすぎないと思う。経済活動も含めて、日本人はサンクコストを切り捨てることが苦手だし、サンクコストを振り切って前に進むのがいけないことのように考えがちだ。

何かをやめるかやめないかを決めるときのロジックとして、二つのパターンがある。

「もう少しで成功するから、諦めずにがんばろう」

「せっかくここまでやったんだから、諦めずにがんばろう」

前者は、この先成功しそうだという「未来」を見ている。後者は、今までこれだけやってきたという「過去」を見ている。同じ「やめる」という判断でも、どちらのロジックが背後にあるのかで、まるで異なる結果をもたらすだろう。

未来にひもづけられているのは「希望」である。ところが、この「希望」と「願望」を混同している人があまりにも多い。

「成功する確率が低いのは薄々気づいているけれども、もしかしたら成功するかもしれないから諦めずにがんばろう。今までこれだけがんばってきたんだし」

願望を希望と錯覚してズルズル続けている人は、やめ時を見失いがちだ。なぜなら、願望は確率をねじ曲げるからである。

人は、成功の確率が一パーセントしかないのに、願望に基づいたいろいろな理屈をつけることで、一〇パーセントに水増しするということをやってしまいがちだ。そこには「自分だけは違う」という考えが忍び込んでいる。母親が「うちの子にかぎって」と言いきる感覚とよく似ている。

時おり、高校生のトップアスリート一〇〇人ぐらいを集めて合宿をする機会がある。参加するのはその世代のトップ選手である。だが、オリンピックに出場できるのは、そのうち一人ぐらいしかいない。にもかかわらず、その段階では参加者のすべてが自分はその一人だと信じて疑っていない。

十代の若さでそう考えるのは自然であり、健全である。

ただ、しばらく競技生活を継続するうち、どこかの段階で「選ばれた一人」にはなれないと悟る時期がくる。そのときには「選ばれた一人」になることが自分にとって希望の範囲内なのか、単なる願望で終わりそうなのか、冷静に判断すべきだ。その時期が過ぎてしまうと、「諦めなければ可能性はゼロではない」といった理屈をこねながら一〇〇人に一人の座を狙い続ける無謀な人生になってしまう。

踏ん切りをつけるタイミングについては、この瞬間という明確なものはない。あえて言うのであれば、やはり「体感値」でしかないのではないか。

何かを始めたばかりのころは、成功の確率は一〇〇パーセントある。少なくとも、そのように感じる。だが、やがてそれは九九パーセント、九八パーセントと徐々に下がってくるものだ。

そのとき、何パーセントになったら踏ん切りをつけるべきかというのを、感覚的に決めておくといいかもしれない。そのためには、日ごろから希望と願望との違いを客観的に見る癖をつけておかなければならない。

僕は小学校などでかけっこの授業をするときに、子どもたちにハードルを跳んでもらうようにしている。目的は二つあって、一つはハードルという目標物があると走りにリズムが生まれてかけっこにいいということ、もう一つは自分の飛べる高さはどのくらいかということを体感で知ってもらうことだ。

ハードルを全力で飛ぶと、自分で思っているよりももっと高く飛べるんだということもわかるし、今の自分では飛べない高さがあることもわかる。人間は本気で挑んだときに、自分の範囲を知る。手加減して飛べば本当はどのくらい飛べたのかがわからない。だからいつも全力でやってほしいと子どもたちに言っている。

飛べるかどうかわからない高さだから引っ掛けて転ぶこともある。そこで初めて自分の範囲を知る。これは飛べる高さ。これは飛べる幅。そこがわかってくることが大切なのだ。この目標は達成できる。この仕事はこの期間でやりきれる。人間はいつも自分の範囲と外的環境を見比べて、「できるかどうか」をほとんど無意識に決めている。

全力で試してみた経験が少ない人は、「自分ができる範囲」について体感値がない。ありえない目標を掲げて自信を失ったり、低すぎる目標ばかりを立てて成長できなかったりしがちである。

転ぶことや失敗を怖れて全力で挑むことを避けてきた人は、この自分の範囲に対してのセンスを欠きがちで、僕はそれこそが一番のリスクだと思っている。

「今の人生」の横に走っている「別の人生」がある

やめる決断をするときには、誰もがその後の人生を考えて不安に苛まれる。その不安が、決断にブレーキをかけることもある。このときに、自分の人生の横に走っている「別の人生」の存在を日ごろから意識しているか否かで、気持ちの持ちようがかなり変わってくると思う。

人には、自分が今歩いている道の横に、並行して走っている人生が必ずある。たとえば僕には、アスリートという人生のほかにも、普通の企業に勤めるビジネスパーソンとして生きる人生もあっただろう。もちろん、ほかにもいろいろな可能性があったはずだ。まずは、今見えているのとは違う人生があることをわかっておくことだ。

そうすれば「これをやめたら自分ではなくなってしまう」という、追い込まれた状況にはならないはずだ。もし、懸命に走っている道で成功する確率がほとんどないとわかったとしても、その横に走っている人生に移ることができるのだということを理解しておくべきだと思う。

さらに言えば、今自分が走っている人生とその横に走っているいくつかの人生は、俯瞰してみれば、同じゴールにつながる別のルートである可能性もある。直線的にゴールに向かう最短ルートもあれば、少し回り道かもしれないが、確実にゴールに到達するルートだってある。このことを意識しているだけで、何かをやめたり、諦めたりすることに積極的な意味を感じ取ることができるだろう。

僕の場合は、陸上競技で世界一になりたいという思いがあった。

なぜ一番になりたかったのか。日本人でそんなことをやった人がかつていなかったからだ。それをもっと抽象化すると、世の中にインパクトを与えたい、世間の人をびっくりさせたいということだったのだと思う。

一〇〇メートルで先がないとわかったとき、四〇〇メートルハードルでその思いを実現しようと思った。陸上競技を引退するときは、スポーツを通じて社会に働きかけることで勝負しようと思い、今さまざまな活動をし始めている。僕にとって一〇〇メートルをやめたことは、「勝利」へ近づくための手段だったし、現役を引退したことは、そのままアスリートとして走り続けるだけでは決して生み出せなかったであろうインパクトを、世の中に与えるための第一歩だったのである。

今の人生の横に並行して走っている別の人生に気づくのは、簡単なことではない。

しかし「この道が唯一の道ではない」と意識しておくこと、そして自分が今走っているこの道がどこにつながっているのかを考えてみることによって、選択肢が広がるのは確かなのだ。

この道が閉ざされると、すべてが終わりになってしまうと考える必要はない。しかし、たとえばアスリートのように閉ざされた狭い社会で生きている人間は、そういう思考に陥りがちだ。今走っている人生と横に走っている人生のつながりが見えないままだと、スポーツをやっている今の人生と、スポーツを諦めたあとの次の人生の間に脈絡が見出せない。すると、諦めたあとの人生がゼロからのスタートに見えてしまう怖れがある。

しかし、僕は次の人生がゼロスタートだとは思っていない。

感覚的な話になってしまうが、新しい人生においてもすでに七割ぐらいのところまではきているような気がするのだ。そこからスタートして足りないものを埋めていく。そうした感覚が持てるかどうかが、シフトしたあとの人生にとって重要な気がする。

他者の願望や期待に配慮しすぎていないか?

今の人生の横を走っているもう一つの人生に、そう簡単にシフトできないケースだってある。アスリートもそうだが、不妊治療に取り組んでいる人もそうだろう。不妊治療に取り組んでいる人は、医者から成功の確率が低いと言われても、それほど簡単に諦められるものではないと思う。どこで踏ん切りをつけるか、決めることが難しいのは想像に難くない。切実に子どもが欲しいと願う人にとっては、横に走る人生、すなわち子どものいない人生を想像するのは苦痛が伴うことだろう。

さらに、配偶者や親など、自分以外の願望にも配慮した判断になる。可能性がゼロというわけではないのに、ここで自分が諦めてしまったらみんなに悪いという意識も働いてしまうことだろう。

比較するのが適切かどうかはわからないが、日本代表に選ばれたアスリートも、そうした「自分以外の人の願望」への配慮と、自分の気持ちを切り離すことの困難さという点においては、似たところがある。

当然のことながら、アスリートは強くなればなるほど、周囲に勝利を願う人が増えてくる。特に、日本代表として国を背負って戦うアスリートには、周囲からの過剰ともいえる期待が押し寄せる。

そのとき、自分はもう現役を退きたいと思っていても、実際にやめていいのかという問題にぶつかる。北京が終われば「ロンドンはどうしますか」と言われ、ロンドンが終われば「リオでもがんばってください」と言われる。言うほうにとっては「お約束」かもしれないが、言われたほうは期待される状態が常態化しているので「やはり行かなくてはいけないのか」という気持ちになりがちだ。応援してくれる周囲の人の思いを、無碍にはできないという思いになるからである。

日本は、人の思いを汲んで自分の道を決めていく社会であるように思う。

相手が親の場合もあれば、指導者やファンである場合もある。つまり、自分の思いという軸以外にも数多くの軸がある。選択をするときに複数の軸があると、どうしても選びにくくなる。やはり、どの軸が自分にとってより重要な軸なのかということを、早い段階で決めていかなければならない。

そうした選択を何回も繰り返していくなかで、自分にとっての軸が洗練されていくものだ。二者択一のシンプルなモデルで説明したが、本質的に人にはもっと複雑な軸があるものだ。大事にしたいものがたくさんあるなかで、それはトレードオフの関係になっている。

Aを選ぶと、①と②は残るが③はだめになる。Bを選ぶと、②と③は残るが①はだめになる。Cを選ぶと、①と③は残るが②はだめになる。では、自分にとって①と②と③のうちどれが大事なのだろうか。

人間が何かを選択するときに悩むのは、何を選んでいいかわからないからではない。自分にとってより大切なことが何なのか、判断がつかないから悩むのだ。①と②と③の優先順位が決まっていないと、ＡＢＣのうちから一つを選ぶという行為ができなくなる。自分を優先した選択をすれば、誰かをがっかりさせる可能性もある。

「あなたには向いていない」と言ってくれる人

先にも書いた話だが、いろいろな統計を分析すると、二六歳から二七歳までに日本代表になっていないアスリートが、その後代表に選ばれる確率はかなり低い。ほとんど万馬券が当たる確率と同じレベルである。万馬券を目指してがんばっているアスリートに対しても、周囲の人の眼は概して温かい。


「そんな狭き門に挑戦するなんてすごいね」

「何年もがんばっているんだから、次こそオリンピックに行けるよ」

「やめなければ夢はかなうぞ。おまえならできる」


オリンピックに出場がかなったアスリートも、テレビや雑誌などで盛んに連呼する。

「私は諦めずにやり続けました。だからここに立てたのです」

実際は、勝者の背後には数えきれないほどの敗者がいる。多くの人は、がんばったのに成功しない敗者側に回らざるをえない。

「やめなかったからこそできた」

こう主張する少数派の言葉に嘘はないが、現実の社会においては、はるかに敗者のほうが多いという事実はわかっておくべきだ。

自分がやってきたことを否定するのは難しい。自分が成功しない根拠となるような情報には、触れたくないのが人情だ、しかし、続けることそのものが目的でないのなら、意識してでも現在の自分に対するネガティブな情報を入れなければならない。

アメリカのある大学の経済学部では、入学して一年経過した段階で、多いときには半数に上る学生を進級させないという。たった一年で落とすのは酷すぎないかという意見もあるだろう。僕も最初はそう思った。ただ、学生たちの意見はおおむね好意的だそうだ。若いうちに「あなたは経済学に向いていない」と言ってもらえることで、医学部に転換したり法学部に転換したりするなど、自分の進む道を早めに修正できるからだ。三〇歳ぐらいになって向いていないと宣告されたら、選択肢はずっと少なくなってしまう。

これと同じ考え方に立てば、成功する確率の低い若者に「きみは、この先に進んでも成功するのは無理だよ」と言ってあげる大人が必要なのではないだろうか。

「きみが成功する確率は万馬券並みだ。だから今の競技は諦めて、こっちに進んでみたらどうだろう。僕はきみがこっちに向いていると思うよ」

その人の夢を叩きつぶすだけでなく、人の人生を左右するかもしれない重みを持つ言葉なので、言うのには勇気がいる。日本の場合は特に、指導者には「全人格的な教育者であるべき」という役割が期待されているので、そのなかで「きみはだめ」と言ってその若者の人生を壊してしまうリスクを避ける傾向がある。

それでも僕は、だめなものはだめだと言ってくれる人間は必要だと思っている。経験のない若い人が自分だけで判断しようとしても、願望が入ってきてしまうために冷静な判断ができないと思うからだ。難しいのは承知のうえで、そういう存在を自分で見つけることの大切さを理解してもらいたいと思う。

「飽きた」という理由でやめてもいい

やめること、諦めることを「逃げること」と同義に扱う傾向は、日本の社会においてとくに強いものだと感じる。

僕は「やめる」「諦める」という言葉を、まったく違う言葉で言い換えられないかと思っている。たとえば「選び直す」「修正する」といった前向きな言葉だ。そうすれば、多くの人にとって「やめる」「諦める」という選択肢が、もっとリアルに感じられるのではないだろうか。

日本では「やめる」「諦める」という行動の背後に、自分の能力が足りなかったという負い目や後ろめたさや敗北感を強く持ちすぎるような気がする。

「自分には合わなかった」

本質的には、ただそれだけのことではないだろうか。自分が成功しなかったのは、その分野に合わなかっただけだ。ほかに合うフィールドがあるかもしれないから、諦めて、やめて、移動するのだ。

「これは私に合わなかったけど、合うところに行けばもっともっと成長できるかもしれないし、もっと高みに行けるかもしれない」

こうした発想がもっと広がればいいと思っている。ところが、日本ではこんな考え方をする人が多すぎる気がする。

「ある分野で優秀な人間は、違う分野に行っても優秀なはずだ。裏を返せば、この分野でだめだったおまえが、違う分野に行ったってどうせだめなんだよ」

人間は、ある分野で能力が開花しなかったとしても、その分野の能力とは関係のない能力を備えていることもある。それぞれの人間が持つ能力には、そもそもばらつきがあるはずだ。それと同じように、人によって合う、合わない分野があることは、意識しておく必要がある。

人生は有限だ。

限られた生であれば、自分に合うものをできるだけ早く見つけ出すほうがいい。自分に合う面白そうなものが見つかったとしたら、今やっていることをやめて、そちらをやるのは理にかなっている。

あるとき、転職した人に理由を聞いたら、こんな答えが返ってきた。

「飽きたから」

「それだけ？」

「はい。それだけ」

今まで転職した人に理由を聞いたなかで、最も清々しい言葉だった。しかし日本では、そんないい加減な理由は認められない。あるいは、それは建前にすぎず、本当の理由が裏に隠されているのだろうと勘繰られる。

何か意味や理由があるはずだ——最近はソーシャル・メディアの普及でそう考える人が増えた気がする。それはメディアリテラシーが高まったということなのかもしれないけれど、何にでも意味を見出そうとしすぎる人も増えたように思う。イチロー選手が毎日カレーを食べていたところで、好きだという以外の理由はおそらくないだろう。

最近は、「休日だから、友人、家族とこんなふうに盛り上がっています」とフェイスブック上に毎週のように書き込む人がいるが、せっかくの休日を無駄にしない、何か意味がある休日にしたい、そう見られていたい、という思い込みみたいなものがあるようにも見える。自分の人生を意味あるものにしてみせる、と意気込んで空回りしている若い人もよく見る。

かくいう僕も、競技人生の前半においては、意味のある人生にしたい、意味のあることを成し遂げたいという思いが強い動機になっていた。でも、メダルを取ったころからふと冷めだした。僕の母が毎日近くの山に登ることと、僕が世界で三番になることの本質的な違いがわからなくなったのだ。

意味を見出そうと一生懸命考えていくと最後には意味なんてなんにもないんじゃないかと思うようになった。人生は舞台の上で、僕は幻を見ている。人生は暇つぶしだと思ってから、急に自分が軽くなって、新しいことをどんどん始められるようになった。

たかが人生、踊らにゃそんそん、である。

僕が現役を引退したときの思いを率直に言えば、「気がすんだ」である。多くの人にいろいろ聞かれるので、それなりに格好がつく理由も語ってはきた。だが、本質的に持っていた思いは「気がすんだ」という一言に尽きる。

実は、オリンピック選考会の一ヵ月前あたりに、ふとそういう考えが頭をよぎった。僕は自分でコーチをしていたので、一ヵ月前の状態から、おそらく勝てないということがわかってしまった。これからいくら努力をしたとしても「ここから先はないな」と思ってしまったのだ。仮に選考会を突破してオリンピックに出場できたとしても、決勝に進出することを目指していた僕には、どう考えてもそのイメージを持つことができなかった。

では、四年後のリオデジャネイロに向けてがんばれるだろうか。それも現実的ではないと思った。本当はそこで「気がすんで」いたのだが、選考会まで残り一ヵ月の時期にきていたので、残りの競技人生を全うしようという姿勢に切り替えて選考会に臨んだ。

結果は、ご承知のとおりである。

日本人の引退の美学、欧米人の軽やかな転身

僕がこのような「気がすんだ感」「すっきり感」を持って引退を決意できたのは、最後の三年間をアメリカで暮らしたことと関係があるかもしれない。アメリカでの三年間で、僕の競技観は大きく変わった。

アメリカでは、引退が非常に軽い。ヨーロッパもアメリカと似たような状況だ。オリンピックを目指して練習していたアスリートが、練習中にアキレス腱を傷め、病院で見てもらったら手術しなければならないと言われたので、ちょうどいいから引退する、そう言って翌週から来なくなることもあった。

金メダルを取ったアスリートが、テレビ局から依頼されてキャスターの仕事をやってみたところ、その仕事に魅せられてしまい、シーズンの途中だったにもかかわらず、それっきりグラウンドに来なくなったこともあった。

アメリカでもヨーロッパでも、極端に言えば「引っ越しをしたから」くらいの理由で軽やかに引退してしまう。

日本人の感覚からすると、とうてい理解しがたいタイミングだ。オリンピックや世

界陸上のような大きな大会ではなく、毎週のように開かれている小さな大会で勝ったのを最後に引退する。金メダル級のトップアスリートが、シーズン途中にキャリアチェンジしてしまう。日本とは、引退に対する考え方がまったく違うのだ。

一方の日本人には、大きなイベントの節目までがんばってから引退するという考え方がある。最もポピュラーな「引き際」が、オリンピック終了後だ。

僕もロンドンオリンピックの選考会まで現役を続けたが、その一ヵ月前には自分のなかでは気持ちの整理がついていた。もしアメリカ人やヨーロッパのアスリートだったら、僕のように残り一ヵ月間の競技生活を続けることなく、即引退していたのではないだろうか。そういう意味で言うと、僕は日本人の引退の美学と欧米人の引退の軽さの中間ぐらいに位置するのかもしれない。

引退の美学。あるいは引き際の美学。

日本人は全力を尽くして全うするという考え方が強い。しかも、やめ方は万人に納得してもらえるような美しさがなければならないと思い込んでいる。

「あれだけやったんだから仕方がないよね」

「きみは体がボロボロになるまでよくがんばった。死力を尽くした」

美学は、周囲にそう言ってもらえるための理由になる。それは肉体の限界や精神的な限界がわかりやすい。引退を決意するぐらいなのだから、そのアスリートの心の奥には誰にも想像できないような深い何かがあると思う人が多い。そうした美しい理由を期待されればされるほど、誰でも納得できるような理由を語れるようになるまでやめられないと思い込み、ますます引退が重い決断になっていく。

もし、オリンピック出場を本気で目指していた二十代半ばぐらいの日本のアスリートがこう言ったらどうなるだろう。

「僕にはこの先がないことがわかったので引退します」
「何だ、それは」
「いろいろやってみたんですけど、ちょっと無理な感じなんですよ」
「無理って言うな。それを努力で乗り越えるのがアスリートってもんだろう」

ドライな決断をしたアスリートに対して、周囲は本気でやっていないという印象を持つだろう。いい加減で根性がない人間。おそらく世間には叩かれるだろう。

現実には、そのぐらいの年齢で引退するアスリートは星の数ほど存在する。しかし、無名のアスリートが引退後にほかの分野で人並み以上に成功したとしても、メディアが取り上げることはまずない。

やめるための「儀式」をしよう

結局のところ、何かをやめてよかったか悪かったかという判断は、人生の終盤になって決まるものだと思っている。

やめた結果、別の分野で成功すると、やめてよかったという話になる。うまくいかなければ、やめないほうがよかったという話になる。僕の場合も、四〇〇メートルハードルで銅メダルを取れたからこそ、一〇〇メートルから転向したのは英断だったという評価を受けている。

しかし、もしメダルを取っていなかったとしたらどうだろう。一〇〇メートルで伸び悩んだ結果、途中で逃げ出したアスリートと評価されていたかもしれない。引退から何年経っても、ことあるごとに「あのときもう少しがんばっていればよかったのに」などと言われていた可能性もある。

正直なところ、やめたことが正解かどうかということは、その瞬間はまったくわからないものだ。何が失敗で、何が成功か、何がいいやめ方で、何が悪いやめ方か。これはどういう時間軸で見るかによって異なってくる。

だからこそ、自分のなかで「納得感」を持って終わるしかないと思う。

ダラダラとフェイドアウトするようなやめ方ではなく、儀式のようなものをもって終わらせるのも一つの方法だ。それまで必死に努力してきたことをいったんは諦めるのだから、心のなかはもやもやしているかもしれない。しかし、儀式を経ることで「あのときにすっきりと終わった」という根拠ができる。

その儀式の内容はどんなものでもいい。

たとえば、この日までに何秒というタイムを出せなかったらやめる。この日までにレギュラーを取れなかったらやめる。それを周囲に対して表明しておいてもいいし、自分と約束するだけでもいい。アスリートの場合、勝ち負けの基準となる指標がはっきりしている。しかし、ほかの仕事の場合はアスリートほど明確な基準は持ちにくく、もう少し微妙な基準になるとは思う。

それでも、どうしても実現したいこと、手に入れたいものがあるのなら「この時点でこれができていなければ終わりにする」という基準を、繰り返し繰り返し設定することが必要になってくる。現在の延長線上にはっきりと目指すところが見えていない場合は、とくにそうである。

ルールと締め切りは絶対に守る

作家の山本文緒さんに『恋愛中毒』という本がある。

ストーカー行為を繰り返す女性の話だが、そこに興味深い描写がある。その女性は毎日飲む缶ビールを一本と決めていたのに、たまたま二本飲んでしまったために、それからズルズルと転落していくというものだ。

人間なんて、そんなもののような気がする。

人間が墜ちていくときには、そんなに大きな出来事があるわけではなく、越えてはいけない一線を、ほんの少し越えてしまった瞬間にズルズルと墜ちていく。

このあたりで終わろうと儀式を設定していたのに、ある日ふと迷いが生じてズルッと続けてしまった人。設定した儀式にのっとって、きっぱり終わらせた人。この二人の間には、ほんの小さな違いしかない。人生というものは、何気ない分岐点でのほんの小さな選択によって、大きく分かれてしまうような気がしてならない。

だからこそ、ここでやめようと思ったときにきっぱりと終わらせることは、人生にとってすごく大事なことだと思っている。つまり、自分で設定したルールを守り、締め切りを守ることが大切なのだ。

締め切りを破ってズルズルと引き延ばすことには、ある種の快楽がある。決断を先延ばしにする心地よさは、誰もが経験したことがあるのではないか。

「まあ、今日はいいか」
「とりあえず、今年はいいか」
「来年考えることにしよう」
「きりのいいところまでやろう」

ズルズルと墜ちていくことの表現はいろいろある。その快楽に自分で気づいている人であれば、修正するのはそれほど難しいことではない。

問題なのは、無意識のうちに快楽に溺れてしまっている人だ。自分で決めた儀式を自分の決断で先延ばししているような気になっているだけで、実際は決断できない状態が延々と続いているだけなのだ。

自分にとってそれほど大事ではないことを後回しにするのは、ある種の知恵である。ところが、自分にとって大事な「勘どころ」をズルズルと引き延ばすことは、リスクでしかない。では、いったい何が勘どころなのだろうか。自分にとって一番大事なことは、いったい何なのだろうか。

これを摑むのはとても難しい。唯一の方法は、つねに自問自答していくことだけだと思う。考えるのをやめると、大事なことも大事ではないことも、いっしょくたにズルズルと後回しにしてしまいかねない。

迷ったら環境を変えてみる

この日を境にして、何かそういう体《てい》にしてしまうと、本当にそうなっていくということがある。昔の武士が強制的に元服させられたように、この日からおまえは大人だと決められ、無理をしてでも大人のように振る舞っていると、本当に大人っぽくなっていく。

現代では、成人式がそれに当たるのだろう。現代の二〇歳が大人かどうかの議論はさておき、人間にはそういうところがあるような気がする。つまり、先に場やシチュエーションをつくってしまえば、それにふさわしくなっていくものだ。

最近、芸能人と一緒にテレビに出る機会が増えた。彼らのなかには、カメラが回っている瞬間とカメラが止まっている瞬間で、振る舞いがまったく違う人がいる。ビジネスパーソンでも、会社で会ったときと居酒屋で会ったときでは、別人かと思うほど落差のある人がいる。

人生は、舞台に立って演じているようなものではないだろうか。人はシチュエーションと関係性によって、いろいろな自分を演じている。そう考えると、本来の自分などない。

あるシチュエーションのなかだけで考えているかぎり、固まった思考から抜け出ることはできないけれど、シチュエーションを変えることで考え方が変わってしまう。まったく違うところに身を置くと、価値観ごと変わってしまうことはよくあることだ。

置かれた環境にあまりにも順応してしまうと、何かをやめたり諦めたりする選択がしにくくなる。自分の今ある状況にあまりにもいろいろな人が絡みすぎていると、諦めるという決断力が鈍る。

そういうときには、そこから一度離れてみるといい。別の環境を求めて移動し、新しい関係性のなかに身を置いてみると考えが変わるかもしれない。住む場所を変えたり、人間関係を変えたり、行動パターンや習慣を変えてみるのもいいかもしれない。

このままいくか、やめるか、変えるかといった転機において、いったん環境を変えてできるだけ白紙状態の自分と向き合ってみるのだ。

「こんなことをしたらあの人に迷惑がかかる」

「みんなからこんなふうに思われるのではないか」

そんな気持ちを振り切るために、情報を遮断する意味もある。

よく周囲との関係を断ち切れないと言いながら、自分がいないと日常が回らないと思うことで安心している人がいる。本当は、自分がいなくても社会は回り続けるのに、それを思い知らされるのが怖いのだ。

僕は、決断を引き延ばすことと、周囲との関係を断ち切れないことは関係していると思っている。ある意味で、諦めることは周囲との関係性をいったん断ち切ることにほかならないからだ。

関係性を断ち切れば、それまで周囲から受けていたポジティブな評価もすべて切り捨てることになる。これはけっこうつらい。でも、諦めることは周囲から気にかけてもらえない状態に平気になるということでもある。人にかまってもらえないのは寂しいけれども、どこか気持ちがいいところもある。そのくらいの覚悟を持つことだ。

やめることは、一人に耐えることと関係している。でも、やめてまた新たに何かを始めれば、そこで新たな人とつながることもできる。

何を「普通」ととらえるかで人生が変わる

新たな一歩を踏み出すためには環境を変えるのが手っ取り早い。そう思うようになったのは、自分にとってまったく普通ではないことが、誰かにとってはまるで当たり前のことであると気づいたからだ。

「何となくアメリカに行く空気だったので」という理由でアメリカの高校に進んだ人の話を聞いて、僕の人生ではまったくなかった発想だなあと思った。そもそも僕の親戚には海外に住んだことがある人が一人もいなかった。

スポーツの業績は一代で築かれるものがほとんどなので、遺伝子を受け継ぐ以外に家庭などの環境が影響する要素は比較的小さめだが、実際の社会では個人の実績のかなりの部分がその人の生まれ育った環境に影響されるのではないかと思う。

何を「普通」ととらえるかで人生は相当に変わる。たとえば親戚にフランス人がいたり、学校に行かず独学で大学に入った人がいれば、日本で当たり前とされることを自然に疑うことができる。

僕は世界一を意識するのが遅すぎた。日本一を目指すのと世界一を目指すのとでは、最初からやるべきことがまったく違っていて、しかも競技人生は十数年しかない。技術論、戦略論といったものは、何を普通としている集団に属しているかで変わってくる。守りに入っている集団の中で攻めるのは難しい。僕は弱かったから、環境の力をてこにするために「なりたい自分」になれる場所をその都度選んできた。

人は場に染まる。天才をのぞき、普通の人がトップレベルにいくにはトップレベルにたくさん触れることで、そこで常識とされることに自分が染まってしまうのが一番早い。人はすごいことをやって引き上げられるというより、「こんなの普通でしょ」と思うレベルの底上げによって引き上げられると思う。

今までいた場所で、今までいっしょにいた人たちと会いながら、今までの自分ではない存在になろうとすることはとても難しい。

第3章

現役を引退した僕が見たオリンピック

「勝てなくてすみません」への違和感

二〇一二年夏に開催されたロンドンオリンピックは、アスリートを引退した僕が初めて外から眺めるオリンピックとなった。一年近く経った今だからこそ、あえてロンドンオリンピックについて考えてみたいと思う。

日本の金メダル獲得数は七個だった。前回大会の北京オリンピックの九個、その前のアテネオリンピックの一六個を下回る数字だった。金メダル獲得数を基準に順位付けされる国別ランキングでも、日本は一一位に終わっている。

しかし、銀メダルと銅メダルを含めたメダル獲得総数で日本は三八個を記録した。この数はアメリカ、中国、ロシア、イギリス、ドイツに次ぐ第六位だった。大会ごとの種目数の増減を考慮しないという前提に立てば、二〇〇四年のアテネオリンピックの三七個を上回る史上最多の水準となった。

これだけで判断すると、全体としての成績はかなりよかったという印象を受ける。だが、メダルの構成比に目を向けると、やや別の印象も受ける。二〇〇〇年代に入ってからの四大会でメダルの構成比を比較してみたい。

シドニー（二〇〇〇年）　金5　銀8　銅5　メダル総数18（一四位）
アテネ（二〇〇四年）　金16　銀9　銅12　メダル総数37（六位）
北京（二〇〇八年）　金9　銀6　銅10　メダル総数25（一一位）
ロンドン（二〇一二年）　金7　銀14　銅17　メダル総数38（六位）

ロンドン以外の大会では、メダル総数にかかわらず金、銀、銅のメダル数のバランスは大きく偏っていない。確率からすると、普通はこのように金、銀、銅がそれぞれバランスよく割り振られる傾向が強い。

しかし、ロンドンでは金メダルがシドニーに次いで少なかったにもかかわらず、銀メダルも銅メダルも際立って多い。これだけ銀メダルと銅メダルが多いのであれば、もっと金メダルが多くてもよかったような気がした。ロンドンで銀メダルと銅メダルがこれほど多かったことには、何らかの理由があったのだろうか。

まさか、銀や銅を目指すべく強化を図ったわけではないだろう。金メダルと銀メダルの間には「ここ一番での強さ」や「持っているか持っていないか」といった決定力の差といった運もある。しかし、表彰台に上がる選手の実力は、多くの場合互角である。今回の銀メダル、銅メダルの多さの背景には、やはり何かしら日本特有の事情があったように思える。

それを最も顕著に感じたのは、柔道である。今回のロンドンオリンピックで感じた柔道選手の悲壮感は、異様ですらあった。

日本柔道チームは、男女合わせて一四階級のうち半数の七階級でメダルを取った。内訳は金メダルが一個、銀メダルが三個、銅メダルが三個だ。日本国民がオリンピックで柔道にメダルを期待するのは今に始まったことではないが、ロンドンオリンピック柔道チームに対する評価は「七個メダルを取った」というものではなく「七階級でメダルを取れなかった」ということになっている。しかも、金はたった一つだ。あらためて外から見ると、こういう評価をされることがかなりつらそうに見えた。

おそらく、日本オリンピック委員会も全日本柔道連盟も、あと四個ぐらい金メダルを取る目論見があったと思う。しかし、取れなかった。それには、柔道選手だけが背負っている何か重たいものが、勝負どころで影響したように思えてならない。

その一つは、日本のお家芸である柔道では、金メダル以外は負けたことに等しいという感覚であろう。さらに、錚々たる柔道家のなかで日本代表に選ばれたからには、外国人選手に勝つ責任があるという意識もあろう。選手だけの責任ではないのは間違いないところだが、その日の肉体的・精神的なコンディションだけでなく、こうした精神状態が心にのしかかっていることも、今回の結果に大きく影響したのではないだろうか。

金メダルを期待されていたのに銀メダルや銅メダルに終わった選手のインタビューをテレビで見たが、誰一人として痛快に笑っていなかったのが印象的だった。

「勝てなくて申し訳ないと思っています」

僕はこの言い方に強い違和感を覚える。

金メダルを取るために毎日身を削るような努力を重ねてきた選手は、力を出しきれなかったとしても誰からも責められるいわれはない。海外の選手のインタビューではこうしたことはまずない。そういう意味で、日本の柔道選手のインタビューは際立った違いを見せていた。

なぜ負けたかわからない

僕はオリンピックでメダルを取ったことがない。だから、どうしても負けてしまった選手や結果を出せなかった選手にシンパシーを感じてしまうところがある。

ロンドンの女子短距離代表に、福島千里さんという選手がいる。自己ベストのタイムからすると、決勝に出られるような水準ではなかった。しかし、日本のマスコミは開催前から福島選手にスポットを当て、大きな期待を寄せていた。福島さんはその期待に応えられず、一〇〇メートルで力を出しきれないまま予選落ちしてしまった。印象に残ったのは、福島選手のインタビューだった。

「なんで負けたのかよくわからない」

「ちゃんと準備してきたはずなのに、なんでこうなったのかよくわからない」

福島選手は「わからない」という言葉を繰り返した。

僕も経験があるのでわかるのだが、しっかり準備もして、調子もいいのに本番だけその調子から大きく外れてうまくいかないことがある。そういうときは、僕も「なんでこんなことになっちゃうんだ?」と首を傾げざるをえない心境になった。

何か悪い兆しがあって本番の結果が出なかったのであれば、アスリートはそれほどダメージを受けない。さっさと割り切って、次の競技に向き合うことができる。

「悪い部分を修正して、またいい状態にもっていけばいい」

しかし、調整がうまくいっていたのに結果に結びつかないと、何を改善すればいいかということがわからなくなり、パニックに陥ってしまう。

「仮にいい状態に調整できたとしても、この次もまた同じようなことが起こってしまうのではないだろうか」

当時の福島選手の心境は、おそらくこんな状態だったと思う。

絶対的な金メダル候補とされていた体操の内村航平選手も、最初の団体予選では鉄棒と鞍馬で落下するなど、信じられないようなミスを連発した。その原因について、マスコミからインタビューされたときに「わからない」と答えていた。

内村選手も、福島選手と同じような心境になっていたのではないだろうか。インタビューを聞いていると「なぜうまくいかないのか」という戸惑いが滲み出ていた。

普段は絶対にしないような内村選手らしくないミスが続いて、日本中の人々も不安になったと思う。

こういう状態に陥ってしまったとき、選手の動揺は大きい。

僕の場合は、失敗した原因について寄ったり引いたりしながらいろいろなことを考える。しかし、寄ろうが引こうが「こんな感じだろう」というのが見えてこないときもある。そういうときの選手はかなりつらいものだ。

時間がたっぷりあれば話は別だが、次の種目まで二四時間とか四八時間しかないときに考えすぎてもよくない。考えすぎて理屈をこねくり回しているうちにさらに混乱してしまうよりも、ある程度まで突き詰めて結論が出ないときは、最後は開き直るしかない。

「もうちょっとシンプルなことなんじゃないか」

「吹っきって、思いきりやってみよう」

実際問題として、短時間で技術的な修正をするのはほとんど無理である。最後の最後は、どうやって吹っ切るか。よけいなことを考えない自分に入り込むかに尽きるのだと思う。

自分はどの程度自由か

最近、サブリミナルな広告の効果についての本を読んだ。人は自分では意識しないほど瞬間的に目にしたものに対しても、再び見たときに好ましいと思う傾向があるという。厄介なのは、過去に見たという意識がないのに好ましいという感覚が埋め込まれてしまうことだ（だからサブリミナルなのだが）。自分ではコマーシャルなんて見た記憶がなくても、何度か視界に入っていれば自然とスーパーでその商品を手にしてしまう。理由をたずねられれば「安いから」とか「必要だから」とかもっともなことを言うかもしれないが、実際には過去に見たことがあるから手が伸びるのだ。

僕たちはこれまで生きていくなかで、じつにさまざまなものを見聞きしているが、そのほんの一部しか記憶としては残らない。でも、記憶にあると自覚していない経験もまた脳には残っていて、それによって今の選択が影響される。だとしたらその選択は果たしてどの程度自分の意思なのか。

僕の考え方の癖、僕の視点、そういうものがいったいどの程度僕自身コントロールできているのか疑問に思うことがある。もっと言えば、僕という存在は、僕に今までさまざまな影響を与えたものの集合体であるという感じが抜けない。自分に影響を与えたものについて考える自分自身が、すでに何かに影響を受けてしまっている。

確かな自分はどこにもいない。だからこそなるべく論理的であろうとするのだけれど、確固たる自分がいないのだから、結局仮決めの自分が仮決めの答えを出していっているにすぎない。自分さえこんなに不確かなのだ。そういう人間が寄り集まっている世間そのものが不確かだ。だから不安だとか、虚しいという人もいるかもしれないが、僕は、だからこそ何をやってもリスクがないように思えて冒険しやすいと感じる。

論理ではなく勘にゆだねる

人間の脳には意識できる領域以外にも記憶があって、僕はそれが勘と呼ばれるものではないかと思っている。自分でも気づかない、これまでの経験や情報の蓄積が無意識の領域で結びつき、「何となく」という感覚で私たちの意識の領域に現れる。情報がある程度出そろっていて、変化が少ない環境では、勘に頼るよりも論理的に考えることのほうが有利かもしれないが、スポーツのような瞬間で判断せざるをえないものや、時代の変化が激しいときは、勘で判断していったほうが結果として有利なのではないだろうか。

僕の人生を振り返っても、実は勘からくるもので判断していることが案外多い。昔は勘で決めたことをあとから論理的な理由づけをして、まるでそれを意識的に考えたものと思っていた。

今の僕には「勘にゆだねる感覚」のようなものがある。要は意識的に考えようとする自分を制御して身体に判断させる感覚だ。この感覚がない人は運動を修正する能力が限定される。勘は体感的な反応なので、願望とは違う。自意識が希薄な動物が、人間よりも生存に有利な方向に反応できることを考えると、大きな決断ほど勘にゆだねたほうがよい気がする。

どんな分野においても「あの人はすごい」と言われるような人は、無意識と意識のバランスが普通の人に比べて格段にいいように見える。勘にゆだねるときはゆだね、論理的に詰めるときは詰める。無意識にその塩梅を判断しているところが「すごく」見えるのだ。

能力には生まれつきの部分があるが、「勘」は経験によってしか磨かれない。だから多様な経験、とくに頭で考えてもどうにもならない極限の経験をしている人のほうが、ここぞというときに強いのではないだろうか。

「負けて悔しいでしょう?」と聞くのは残酷か

話は柔道に戻るが、金メダルを取れなかった選手に対して、テレビ局のインタビュアーがこんな質問をした。

「負けて悔しいでしょう?」

この質問に対して、ツイッターなどで「あの質問はひどい」という反応をした人がかなりいた。僕はそんなに違和感は持たなかった。インタビュアーはおそらく選手の心情を察して、こういう聞き方をしたのではないか。選手の琴線に触れる質問をすることで、自分の期待値と比べてどうだったのか、そしてその理由をどうとらえているのかという話をしてもらいたかったのだと思う。

僕がそう考える理由は二つある。

まず、そのアスリートがなぜ負けたのか、なぜ負けてしまう状況に陥ってしまったのかということを、見ている人は当然知りたいと思うからだ。絶対に負けないと言われていた選手が負けたときほど、その原因を、誰もが知りたいと思うだろう。

もう一つの理由は、失敗の原因を共有することが社会的にも、将来的にも大切だと考えるからだ。

アスリートにとって豊かなのは、成功体験よりもむしろ失敗体験だ。失敗体験が蓄積されていかないと、あとに続くアスリートが同じ状況に立ったとしても、同じ失敗を繰り返す可能性が高い。


「そういえばあのとき、ここで失敗したって言っていたな」


そういう記憶がうっすら頭のなかにあるだけでも、ぜんぜん違ってくる。

たとえば僕がオリンピックで犯した失敗の分析を子どもたちに語ることで、彼らは僕の失敗を追体験できる。そうすれば次に続く選手たちは同じ失敗をする確率が減ると思う。

頭のなかだけででも他人の失敗を疑似体験することで、次に同じプレーをするときに成功の確率は間違いなく高くなる。

失敗した選手の競技人生には、自分の失敗を誰がどうなぞろうが影響はないかもしれない。だがトップアスリートには、二〇年後、三〇年後に出てくるアスリートの未来をも考える責任があるのではないか。僕は、ただ「負けて悔しいです」だけで終わらせないようにしなければならないと思っている。


「なぜ負けたのでしょうか？」

「どうすればよかったと思いますか？」

「どうしようもなかったことなのでしょうか？」


そうした質問はどんどんするべきだ。日本のスポーツ界だけでなくマスコミも、もっとアスリートに敗因を吐き出させたほうがいい。

現役としてプレーしているアスリートも、すでに引退したアスリートも、失敗体験、負けた体験を山ほど持っている。失敗して悔しいと思った瞬間に「あ、しまった！」と思っていることは必ずあると思う。しかし、彼らのほとんどは、なぜ失敗したかを言語化しないまま舞台から去っていく。

もちろん、敗北したアスリートが敗因を語りたがらないという側面もある。しかし、一方で語る場がないというのも事実だ。マスコミもメダリストやメダル候補者以外のアスリートは滅多に取材しない。語ろうにも語れないというところはあると思う。

アスリートが負けた理由について語っている場面もないことはない。テレビや雑誌などではオリンピックからしばらく経ってそういう内容の特集が報じられるケースもある。オリンピックの直前にも「今大会注目の選手」といったコーナーが企画され、捲土重来を目指すアスリートが紹介されることがある。前回のオリンピックで惨敗して悔しい思いをしたそのアスリートが、来るオリンピックに向かってリベンジを誓う姿を追うような内容だ。

それはそれで一定の価値はあると思う。だが、時間の経過とともに本人が失敗を美化してしまうことも否めない。いろいろなものを削ぎ落としてしまったり、新たなものをくっつけてしまったりして、辻褄の合う上手な説明をつけてしまうこともある。一方で、見るほうの記憶も薄れてしまっている。美化された言葉が、さも真実かのように受け取られてしまう可能性も否定できない。

失敗を共有するためには、失敗した直後、記憶と感覚とが新鮮なうちに失敗した原因について分析し、そのときに思っている気持ちと一緒に吐き出すのが重要な気がする。

失敗したアスリートは、オリンピックから戻ってすぐ、分析した敗因をもとにそれを克服するような練習を始めているはずだ。しかし、そのような番組や雑誌の企画は四年後のオリンピックの直前にしか目に触れる機会がない。失敗を共有するという意味では、四年間の時間差はもったいないと思う。

視点を変えれば、スポーツ界だけでなく一般社会でも失敗体験は財産になる可能性があると思っている。しかし、本一つ取ってみても、成功モデルのビジネス書はたくさん書かれているが、失敗モデルの本は極端に少ない。むしろ、そのような本を出版することで叩かれることが多い。

「失敗した話を今言ってどうする？　それはおまえの努力不足だろう」と。

「夢がかなう」人はごくひと握り

成功談と失敗談のバランスは、控えめにいってもよくない。

とりわけオリンピックに関するかぎり、それは顕著なかたちで現れている。

メダリストの何十倍、何百倍のアスリートが負けている。その部分に光が当たらないので、一般の人は成功者の言葉がさも実現可能な言葉であるかのように錯覚する。

「あのつらかった時期を耐え抜いてきたからこそ、ここまでこられたのです」

世間の人がそれを聞いたとき、つらい時期を耐え抜いたら成功できると一般化してしまう怖さがある。ほとんどの人にとっては、つらい時期を耐え抜いても成功しないことが多いのだ。現実には一〇人のうち九人が成功せず、たった一人だけうまくいった人が、自分のロジックで語っているにすぎない。

「苦しい時期を耐えたら、必ず結果は出ますか」

スポーツ選手にこんなアンケートを取ったとしても、おそらく九〇パーセントは「出ないときもあった」と答えるだろう。確かにつらい時期を耐えたら成長はあるだろう。でも、成長と成功は違う。この違いに気づかないふりをする罪は大きいと思う。

新聞記事やテレビでは、金メダリストや世界的に成功したアスリートの特集に、必ずと言っていいほどこのフレーズが登場する。


「諦めなければ夢はかなう」

「夢を諦めない強いハートがあったから、成功できた」


オリンピックのメダリストを目指して、何万人ものアスリートが努力している。みんな諦めなかったけれども、それでも結果が出ないのが現実だ。ものすごく限定された確率で選ばれたアスリートだけが成功し、そのアスリートが「諦めなかったからここにいる」という話である。

子どもたちや若者を指導するコーチも、そうした数少ない成功事例をインセンティブにしたほうが、アスリートのやる気を引き出すことができる。実際にはそんな夢のような話はないということに大人は気づいている。しかしながら、特にスポーツ界には「それを言っちゃあおしまいよ」といった空気があり、そのあたりは突っ込まずに濁しておくといった感覚が残っている。

この点が、前の章でお話しした「誰も責任を取らない」という部分につながる。諦めなければ夢はかなうと指導して、もしかなわなかったときには、こういう納得の仕方を押しつける。

「成功しなかったかもしれないが、夢を追いかけた日々が尊いんだよ」

本人が割り切ったうえでそう思うのは一向に構わないが、コーチがそう言ってしまうのはちょっと違うと思わざるをえない。コーチの仕事は、アスリートに「夢を追わせる」ことではなく、アスリートに「勝たせる」ことだからだ。

アスリートに限ったことではないが、どこかのタイミングで諦めずに猛進する時期は必要かもしれない。

ただ、諦めなかった人のうち金メダルを取った人はいるけれども、諦めなくて金メダルを取れなかった人はその数千倍いるという数字を冷静に見なければならない。その事実を納得したうえで「自分はどのくらいの確率で勝てる勝負をしているのか」ということを冷静に見なければならない。なぜなら、その事実を理解したうえでの努力と、ただがむしゃらに突き進む努力とでは、内容も結果も変わってくるからだ。

一意専心よりもオプションを持つこと

一意専心という言葉がある。意味は「他に心を動かされず、ひたすら一つのことに心を集中すること」とある。日本人は、ことさらにこの姿を求める。特にアスリートは動機の純粋さを強く求められる職業である。

競技としてのスポーツを追求している人よりも、鍛錬のための「○○道」を極めているタイプのほうがウケがいい。

「僕には陸上しかありません。陸上が僕の人生です」

そう言うことで多くの人が納得し、保険にもなるというのはよくわかる。アスリートは夢を与える仕事でもあるので、ある程度求められた役割を演じていることも必要だ。しかし、本心からそれだけ思って競技に取り組んでいたとしたら、かなり苦しくなってくる。保険になることはあっても、逃げ道がなくなってしまうからだ。批判をかわす言い訳にはなっても、自分の人生に対しては、相当なギャンブルになってしまう。

一意専心という言葉と対極にある考え方は、オプションを持つというスタンスだ。

この二つの考え方は、どうしてもぶつかってしまう。それなりの結果を残しているアスリートに話を聞いても、他の道も考えたけれどあえてこの競技をやりましたというアスリートはかなりいる。アスリートどうしだとそういう話もポンポン出てくるのだが、公にはそういったさまざまなオプションのなかからあえてこの競技を選んだというスタンスは表明しづらい。

具体的にアクションを起こしていなくても、頭のなかにアスリート以外のキャリアのオプションを持っているのといないのとでは、競技に対する姿勢も変わる。「別の方向に進める可能性もあるが、あえて今はアスリートをやっている」人は、いい加減な気持ちでやっているわけではなく、ある意味で肩の力が抜けている。勝つために全力を尽くすが、負けたからといって精神的に行き詰まらない。オプションを持って「あえて」という感覚で取り組むことの強さはそこにあるような気がする。

しかし、すでに述べたように、アスリートが「私はこういう道もあったかもしれないけど、とりあえず今はこれをやっています」と発言したら、日本では批判される可能性が高いだろう。

「何？　そんな不真面目な姿勢でやっていたのか」

「だから結果が出ないんだよ」

失敗したときに、一意専心で取り組んでいたアスリートは許してもらえるが、数あるオプションのなかからあえて選んでやっているという姿勢のアスリートは叩かれる。

コーチを雇う欧米人、コーチに師事する日本人

僕も現役時代の後半はコーチをつけなかったが、マラソンの藤原新選手をはじめ、ロンドンオリンピックでも何人かそういうアスリートがいた。

コーチをつけずに自分でコントロールすることのメリットはいくつかある。なかでも大きかったのは、自分の肉体のどこかに痛みがあった場合の対処だった。

アスリートの状態を外から見たコーチから「痛そうだからこのメニューをやれ」と指示されて取り組む練習と、自分の肉体の痛みと向き合い、自分自身で「このメニューをやろう」と考えて取り組む練習では、まったく精度が異なるということだ。

自分の肉体の状態を、自分の脳ではなくコーチという目と感覚が判断し、実際に動くのは自分というのは非常にもどかしい。それに対して、自分の脳でジャッジして、自分の体を動かすほうが圧倒的に精度は高くなるし、いろいろなことにフレキシブルに対応することができる。競技に対する理解も高まっていくと思う。

とはいえ、やはりプレーヤーである自分とコーチである自分を切り離すことは、なかなかできるものではない。自分のことを冷静に見ているつもりでも、客観的になり

きれていないことも少なくない。競技やトレーニングに対して、コーチのほうが深い知識を持っていた場合、それを有効に生かすことはできないという点がデメリットだろう。

欧米の感覚では、コーチをつけずに個人で競技に取り組むアスリートは少ない。なぜなら、海外の選手とコーチの関係は、いわば指導のアウトソースだからだ。

「この部分は自分で客観視するのはちょっと難しそうだから、練習のプランなんかはアウトソースでコーチに任せよう」

アメリカヨーロッパ系のトップ選手はこう考えるのだ。つまり、ちょうど企業が経営のある部分のアドバイスを求めてコンサルタントを雇うように、選手がコーチを雇っている。コーチの指導が合わなければ、選手がコーチのクビを切るのが当たり前となっている。

日本の場合は、まったく正反対の考え方が一般的だ。指導者と選手の関係は、先生に教えを請う生徒という、いわば師匠と門下生のような関係だ。そんな世界にあって、僕はかつてこんな発言をした。

「コーチと選手の関係は、客観的な目と練習のプランをアウトソースしているものだ」

ずいぶんと反発を受けたことを覚えている。日本人の感覚では、コーチと選手は二人三脚で前に進むと言ったほうが受け入れられやすいのだろう。

もちろん、その関係がうまく作用することもある。ただ、選手にとってコーチが合わないと感じられた場合はどう判断するのだろうか。

日本の陸上界においては、そう簡単にコーチを替えることはできない。大学のときの指導者が、そのアスリートにとって生涯の指導者となるケースが多い。しかし、その出会いは偶然にすぎない。合うか合わないかを判断するためには、五、六人は替えてみないとたぶんわからない。

アイスケートの世界では、頻繁にコーチが替わる。前の年まである選手のコーチをしていた人が、翌年にはライバル選手のコーチになっているのも珍しいことではない。日本のアスリートも、すべての競技において自由にコーチを替えられるようになればいいのではないだろうか。そうすれば、アスリートの成長の速度や到達点が変わるかもしれない。

コーチをつけないアスリートの話に戻ると、日本人はそうした選手に対して非常に厳しい目を向ける。

ロンドンオリンピックのマラソンで四五位に終わった藤原選手の場合も、一人でやることの限界と言われてしまった。しかし、藤原選手の結果が出なかったことは、コーチがいなかったことだけが理由ではないと僕は考えている。

第4章

他人が決めたランキングに惑わされない

「したたかなきれいごと」で存在感を出すイギリス

ロンドンオリンピックのサッカー男子三位決定戦で、日本代表に勝利した韓国代表の朴鍾佑《パクチョンウ》選手が「独島はわが領土」と書かれた紙を掲げたことが波紋を巻き起こした。そのロジックは「オリンピックの会場で政治的なメッセージを掲げてはいけない」というオリンピックの理念に抵触するから問題だというものだった。

オリンピズムに反しているという理由で、韓国の選手の行為は批判されて然るべきだろう。ただ、僕はそれだけではいけないような気がした。

正論を述べるだけでは、物議を醸すことを承知でやっている相手にとっては、強いインパクトを与えられない。かといって、日本のような影響力のある国が、自分を例外扱いしたりルール違反をしたりすることは許されない。「その他大勢」の国の反感を買うことなく、責めるべきは責める、つまり「したたかなきれいごと」をもって優位に立つといった発想が必要だ。

さまざまな国が見ているなかでの喧嘩は、一対一の戦いに見せておきながら、できるだけ多くの国の共感を集めることが鉄則だ。こうした「したたかなきれいごと」という意味での喧嘩が世界で最も上手なのが、僕はイギリスという国だと思っている。

ロンドンオリンピック期間中、僕は国際オリンピック委員会（ＩＯＣ）の会合に出席した。その席で、表には見えないかたちで影響力を行使する、イギリスのしたたかさを目の当たりにした。

オリンピックでの一般的な人気種目は、サッカーやバレーボールなどの球技、陸上競技や水泳などのタイム種目である。テレビの視聴率を見ても、これは歴然としている。しかし、僕が出席したＩＯＣの委員がいるパーティでは、メジャースポーツの元選手よりも、フェンシングや近代五種、ボート等の貴族出身の元選手が圧倒的に多く、サッカーの話をしている人は見当たらなかった。一般社会で見えている世界と、五輪の内部の世界は随分風景が違うと感じた。会合の最後には、アン王女が挨拶して締めくくった。

ロンドンオリンピックで日本がメダルを六個（うち金が四）も獲得したレスリングがこのほど五輪種目から除外され、ウェイティングリスト入りしたことを聞いて、このときのパーティを思い出した。レスリングはこれで野球、空手、スカッシュ等七種目と五輪入りを争うことになる。再種目入りする可能性もあるけれど、いったんは除外をされてしまった。実際、五輪に入れるにはもうスポーツは増えすぎていて、どの種目も安泰とは言いきれない。国も種目も自分に有利になるように水面下で激しく動いていて、グラウンドの外での戦いも熾烈である。

日本はどの程度ＩＯＣに入り込んでいるのだろうか。もう少し世界の動向に先んじて動いてもいいのではないだろうか。スポーツの世界ではいつもルールで日本は不利を強いられる印象があるけれど、ルールづくりはグラウンド外で行われるもので、どんなに強い選手がいてもグラウンドの外での戦いの強者がいなければ勝つことはできない。

僕自身、グラウンドの外でロビイングなり外交なりする力があればいいのにというフラストレーションがあるが、少なくとも現在では五輪のメダルを持っていない僕の力は弱い。

自分たちが勝てないからといってルールに手をつけるのは潔くないとルールづくりの場を遠ざけるような傾向が日本にはある。でも、世界ではそういうことが平気で起きている。勝てないならそのスポーツごとなくしてしまえばいい。勝てそうなルールでスポーツをつくってしまえばいい。そういう発想がまずスポーツを取り巻く環境にあるのだ。

ロンドンでは、IOC委員とのパーティのあと、知り合いの方にジェントルマンズ・クラブに連れていってもらった。ジェントルマンズ・クラブというのは、もともとは上流階級の会員制の社交場だ。共通の趣味や思想に特化したものもある。僕が連れていかれたのは自動車関係のジェントルマンズ・クラブで、まだ道路のルールができていないころから車に乗っていた人たちが集まってつくられたクラブだ。

そのクラブから、さまざまな道路標識が生まれた。まだほとんどの人が車に乗っていない時代だから、彼らがつくったルールがそのままイギリスで採用された。それが海外に広まり、その国の事情に合わせて少しずつ変化しながら定着していったという。日本の道路標識も、イギリスをモデルにしたもの、つまりこのジェントルマンズ・クラブ発祥のものだと聞いた。結果的にイギリスのつくったルールが、世界の国々に影響を与えていることになる。

大英帝国時代は、イギリスが世界を支配していた。

しかし、今のイギリスは経済的には日本より小さいし、文化的な面でもほかのヨーロッパ諸国やアメリカに比べて突出した影響を与えているわけではない。それにもかかわらず、国際社会でイギリスの発言を無視することはきわめて難しい。

僕は、どのようにしてイギリスがそのポジションを築いていったのかということに興味がある。しかも、影響力を手に入れる過程で、アメリカのようにあからさまではなかったところがすごいと思っている。そういうイギリスのあり方には、日本にとってヒントになることが少なからずあるような気がするのだ。

「勝っている状態」を定義する

一騎打ちをすれば、政治的にも経済的にも軍事的にも、イギリスはアメリカに絶対に勝てない。近年急速に力をつけてきた中国にも勝てないだろう。しかし、決して強くはないイギリスが、国際社会での駆け引きにおいてはあらゆる面で勝っている。イギリス人と話をすると強く感じることだが、そもそも「勝つ」とはどういうことなのかということを執念深く考えている。そんなところに秘密があるような気がしている。

先日、スポーツ政策学会というのに出席をして、エリート強化について話を聞いた。そこでベルギーからの出席者が研究した資料が配られたのだが、しばらく読んでいてこんな一文が目に入ってきた。“If you can't measure it, you can't manage it.”「測定できないものは管理できない」というわけだ。その後、エリートアスリート強化政策についての話になったが、強化方法はさておき、何で成果を測るのかが問題だという話になった。つまり、アスリート強化政策の成功と失敗は何をもって判断するのかという基準の話である。

メダル数で測るのであれば、十数人強化してメダルが一個しか取れない種目より、一人スターを出せばいくつかのメダルが狙える、卓球、水泳、飛び込み、などが効率がいい。オプションがある体操等を子ども時代にやらせておけば、その後棒高跳び、飛び込み、トランポリン等に移行しやすい。インパクトなら、女子サッカー等のチームスポーツを強化したほうが世の中からの評価は高い。

メダル数で測るのか、メダリストの数で測るのか、金メダルの数で測るのか。基準をどれにするかによって戦略もまた違ってくる。人生の難しさも、この辺りにあるのだろうなと思う。人生の目的は絞りにくい。仕事さえうまくいけばいいと思っていたら、隣に幸せそうな家族を持っている人がいるとそれが羨ましくなる。ゆったりとした幸せを生きるのが幸せと思っていても、夢に燃えている人を見るとこんなことではいけないと焦る。幸福の基準を自分の内に持たない人は、幸福感も低くなりがちだ。「測る」とは、勝利条件の設定にほかならない。どうすれば勝ちなのかが決まって初めて戦略が生まれる。社会や人生における勝利条件として万人に共通なものはない。だから自分や組織で決めるしかない。

卑近な例で申し訳ないが、合コンを例に考えてみよう。合コンに参加する男性は、たいがいその場でモテるかモテないかを気にする。しかし、今後のことも含めてトータルで考えた場合、その場でモテることより、一人の女性と長期的につきあうことのほうが「勝ち」と考えることもできる。

アスリートの場合でも、競技場では諦めずに続けることが勝ちだったかもしれないが、一歩競技場を出て人生をトータルで考えたときに、ただ諦めずにがんばることが本当に勝っていることになるのかどうかはわからない。

どこまで引いて俯瞰で考えるか。どこまで大きく勝ち負けをとらえるか。このことによって、日常の勝ち負けの基準も変わってくる。そう考えると「どこで勝つか」より「何が勝ちか」をはっきりさせておくことが、自分が本当に勝ちたいフィールドでの勝利につながるのだ。

それがわかっていないと、目の前のランキングを過剰に意識してしまう。そもそも、あらゆるランキングは自分以外の誰かが設定したものである。つまり、自分でない誰かが「こうしたら勝ちだと認めよう」と言っているに過ぎない。そういう人が決めたルールのなかで勝つことによって、自分の能力や立ち位置を客観的に把握できるが、勝利の喜びは永遠に続くものではない。本当の幸せや満足は、勝負における勝ち負けとはまた別のところにあったりするから、人生というものはややこしい。

「どっちがいいか」という選択を毎日意識的にしてみる

自分自身の基準でランキングをつくれば勝てるだろう、といっても、他者も認めてくれるランキングをつくるのは容易なことではない。だが、自分にとって本当に大事なことは何かということをひたすら考え続けていくことは心がけしだいでできる。

適切な例かどうかはさておき、女子レスリングで金メダルを目指している女の子が、一方ではAKBにも入りたいと考えていたとする。ところが、レスリングにおける自分のランキングが上がっていけばいくほど、アイドルとしてのランキングはおそらく下がっていくということが起こるだろう。

女子レスリングにおけるランキングを上げようとすると、筋力をアップさせる必要がある。すると、必然的に一般的なアイドル像である華奢な体つきからは遠ざかっていく。激しい組み合いによって指は太くなり、場合によっては顔に傷ができたり歯を折ったりするかもしれない。レスリングがうまくなるほどアイドルからは遠ざかるのである。

人生とはこうしたトレードオフの積み重ねである。スポーツでのランキングを上げようと粘ることが、別の人生の可能性のランキングを下げてしまうこともある。このジレンマを解決するには、自分のなかにおける優先順位を決めるしかない。自分にとって一番大切なランキングは何かを決めるのだ。

といっても、ある日突然自分なりのランキングが出来上がるなどということはありえない。毎日意識的に自分にとって大事なものを選択し続けることで、徐々に出来上がってくるものだ。

AとBでは、自分にとってどちらが大事か。仮にBを選んだとしたら、なぜ自分はBを選んだのかについて考え抜く。そこへ新たなCというオプションが生じたとして、BとCだったら自分にとってどちらが大事かをまた考える。こうした問いを何回も何回も繰り返すことで、自分なりのランキングをつくっていくのである。

田舎暮らしと都会暮らしのどちらを選ぶかについて考えてみよう。

都会にはあって、田舎にはないものは何か。都会にはなくて、田舎にあるものは何か。自分はそのどちらをより価値あるものと思うのか。それはなぜか。田舎と都会はどこで線引きできるのか。自分が田舎と思っているところは、案外都会の条件を備えているところではないのか。だとすれば、田舎に引っ越す意味はあるのか――。

こんなふうに自問自答をずっと繰り返していくことによって、自分は何を大事と思っているかということがだんだん見えてくるのだと思う。

いつまでも自分で決められない人たち

僕の感覚では、日本人は人生の選択をし始めるのが非常に遅い。大学を卒業する前後の二一、二歳ぐらいからやり始めるかどうかも怪しいと思う。それはちょっと遅すぎやしないか。

子どものころは、自分は何者にでもなれるという「万能感」があるものだ。だが、努力をしてもできるようになるものとできるようにならないものがあることがある程度わかるようになると、おのずと選択の余地は狭まっていく。

これはある意味ではよいことだと思う。何にでもなれる可能性がある(ように見える)時代はそれほど長くは続かない。小中学生のときから人生の選択肢について突き詰めよというのは酷だし現実的でもない。だが、せめて十代後半から考え始めてもいいのではないだろうか。

それまでに、勉強でもスポーツでも趣味でも何でもかまわないから、没頭し、必死に努力するという体験をしたほうがいい。そうすれば「がんばってもうまくいかない」「あまりがんばらなくてもけっこういける」という感覚が得られるはずである。これが大事なのだ。長期的には「あまりがんばらなくてもなんとなくできてしまう」ことのほうに努力を振り向けたほうが成長できる。

日本の教育で自分が選ぶという作業が極端に少ないのは、子どもにはわからないから大人がある程度選んでやらなければ、という考えが根底にあるのではないか。自分で判断できない子どもに代わって親や先生がある程度道筋をつけてやるのはどの国も共通だろう。でも、日本は自分で選ばせ始めるタイミングが遅いというか、そのタイミングが曖昧である。大の大人に「僕はどうして今この会社にいるんでしょう」と真顔で相談されたことがあった。小学生と変わらない世界観のまま、社会人になってしまっているのだ。

最近の若い人にとって、最初に訪れる大きな選択の機会は、就職活動になる。自分に合う会社よりも、いわゆるみんなが狙う「いい会社」に入ろうとするから、なかなかうまくいかない。子どものころから、小さな選択を積み上げてこなかったツケである。

日本の中小企業には、かなり求人がある。小粒ながら特徴を持った世界的な活躍をしている会社でも、学生が最後の最後まで見向きもしないので、人材不足は慢性化しているという。就職希望ランキングという既存のランキングに縛られているため、知名度はそれほどなくても素晴らしい会社に目が向かない。

非常にもったいないと思う。

選ばれるのを待つ人生か、自分で選ぶ人生か

先代のブータンの国王は、国民生活の質的向上を測る指標として「国民総幸福量（GNH）」なるものを導入した。これと似た概念で、イギリスの心理学者が幸福度ランキングというものをつくった。二〇〇六年に発表されたその内容を見ると、一位はデンマーク、ブータンは八位になっている。ちなみにアメリカは二三位、日本は九〇位で、フィリピン、中国、ガーナ、ウルグアイといった国よりも下位にランクされている。GDPと幸福度が必ずしもリンクしていない点が興味深い。

企業にしても、売り上げやブランド力といった観点とはまた別の指標で評価すると、ランキングの順位もがらりと変わってくるのではないだろうか。たとえば「企業内幸福度」「社員幸福度」が、売り上げ規模に連動しているとは僕は思えない。

学生から見ると大企業や有名企業と中小企業には厳然としたヒエラルキーがあるように見えるのだろう。しかし、そのヒエラルキーは誰がつくったのか、どういう基準に基づくものなのか、自分の頭でもう一度考えてみると、それに縛られていることで自分の選択肢が狭まっていることに気づくだろう。

僕が一〇〇メートルから四〇〇メートルハードルに移動したときは、上から下に「下がる」というイメージではなかった。最初は花形の一〇〇メートルを諦めることに強い抵抗を感じたが、やっているうちに種目の差異は優劣ではないのだということが腑に落ちてきた。金メダルは、どんな競技であれ金メダルなのである。

日本人は、金メダルやノーベル賞といった既存のランキングを非常に好む。これは他者評価を重んじる、日本人の気質をよく表していると思う。それはそれで目指してもいいとは思うけれど、多くの日本人は、あまりにも人から選ばれようとしすぎてはいないか。人に受け入れてほしいと思いすぎていないか。

人から選ばれようとすることは、誰かが設定したランキングからずっと抜け出せないことを意味する。他者評価を求めすぎることは、権威のあるランキングに振り回されることになる。自分なりのランキングを持つということは、他者評価自体を客観的に見ることにほかならない。

誰もが知っている「いい会社」から内定をもらえなくて意気消沈している学生には、こんな言葉をかけたいと思う。

「あなたが就職した先に描いている大きな目的は何だろう。それはランキング上位の会社に入らないと実現できないことなのか」

積む努力、選ぶ努力

日本のスポーツのシステムは型が決まっていて、次に何をやればいいかがある程度明確になっている。だから選手の努力といえば、苦しい練習を耐え抜いたり、こつこつ積み重ねるというものが多い。何回素振りをやった、何球投げた、何本走った、何本泳いだ、という世界である。

それとはまったく別の次元で「うまくいくように工夫する」という努力がある。六カ月後に試合に勝たなければいけないとしたとき、何をやって何をやらないのか。どういうふうにやるのか。じつはこの作業もけっこうつらくて難しく、粘り強く考える力が必要になる。

強靭な身体、強い精神力を持った選手が、脆弱な思考力しか持ち合わせていないことも多い。そういう選手は何をやればいいかが決まっているものに関しては、人並み以上に耐えられるけれども、何をやればいいのかを考えることに関しては、耐えきれない。だから他者に答えを求める。

言い換えれば、努力には、「どれだけ」がんばるか以外に、「何を」がんばるか、「どう」がんばるか、という方向性があるということだ。日本では指導者が、何をがんばるか、どうがんばるかまで決めてくれることが多い。そうなると選手の担当はひたすらにそれを積み重ねることになる。がんばることは重要で、日々を積み重ねることも重要なのだけれど、たとえばもう陸上では勝てる可能性がない人が陸上の努力を積み重ねていることもある。

積み重ねと違って、「何をがんばるか」という選ぶ努力には、冷静に自分を見てだめなものはだめと切り捨てる作業がいる。これは、精神的にかなりつらい。まず、目標に向かって決めたことを積み重ねられることは大事だけれども、その次に、自分で将来どうなりたくてそのために必要なものをちゃんと理解できているかどうかが問われるときがくる。

積み重ねるほうにだけ必死になっていて、選ぶ努力を怠った結果、空回りしている人も多い。結局、「選ぶ」ことを人まかせにしてしまうと、自分にツケが回ってくる。

「俺的ランキング」でいいじゃないか

僕がしばらく住んでいたアメリカは、何かにつけて人を褒める文化がある。学校でも会社でもやたらと表彰し、努力した人、成果を出した人、人とは違うことができる人を公の場で褒める。

それに比べると、日本は人を褒めることについてかなり控えめだ。これは、価値観の軸が少ないことの裏返しでもある。たとえばいい成績を取った学生や、スポーツで優勝した学生が褒められることはあっても、絵がうまいとか、リーダーシップがあるとか、ダンスが上手といったことを人前でちゃんと褒めるということを、日本の学校はやっているだろうか。

人を褒めるときの基準が少ないと、必然的に既存のランキングだけが評価軸となり、熾烈な競争が繰り広げられることになる。当然、勝者の数も少ない。

そういう戦いに見切りをつけて、自分は自分のフィールドで認められればいいのだと割り切ってしまえば楽だが、いわゆる「いい子」は与えられたランキングでより上位を目指すことに必死になる。むしろ「いい子ではない」人間のほうが、人の評価を気にせず、自分の行きたい方向に思い切り踏み出している。彼らにしてみればこういうことだろう。

「俺的ランキングだと、けっこういいところまでいっているんですよね」

今の日本でこんなことを言ったら「なんだ、それ？」とバカにされるか、「何で上から目線なんだ」と怒られるか、「何を言っているんだ」と相手にされないかのいずれかだろう。要するに、わがままなやつか、マニアックなやつ、ということになってしまう。

「自分の体型に向いているスポーツをつくろう」
「俺が一番になれるスポーツをもっと普及させるにはどうしたらいいか？」
「自分に向いている仕事をつくってしまおう」
「自分が一番になれる仕事って、たとえば何だろう」

現実的ではないかもしれないが、こんな発想ができたら面白い。

現に、ビジネスの世界でニッチと呼ばれる市場を探すのは、この作業と似ている。持てる人材、技術、ロケーション、資本力で勝てる商売は何かを考える。それは自分なりのランキングをつくる行為とそれほど離れていないのではないか。

ある年齢を超えると、どんな仕事でも大きく軌道修正することはできなくなる。既存のメジャーなランキングだけで生きてきた人は、その時点で勝負が決まってしまう。

もう少し広く見れば、まったく違うランキングがあることも、自分でランキングをつくることも可能だと気づけるはずだ。なるべく早い時点で気づくことができたならば、「負けること」も「ひとつのステップ」としてとらえ直すことができる。

実際、競技人生を振り返って、自分の自信の核になっているのは勝ったことではなく、負けを受け入れ、そこから立ち直ったこと、勝負に負けたことくらいで傷つかなくなったことである。人生は長く勝負は無数にある。負けない工夫より、負けにふてぶてしくなるほうが最後は強い。

既存のランキングで上を目指すことの危うさは、その努力が無意識のうちに始まっていることである。

たとえば、幼いころから親が敷いたレールに乗り、一生懸命勉強して偏差値というメジャーなランキングではトップに立ったものの、その後の人生がまったく描けていないようなケースである。

最近、とある大学のキャリア指導の方に「このくらいの偏差値だと、どの企業に入れますか」と聞いてくる親御さんもいるとうかがった。いわゆる「いい大学」を出ていればある程度は就職に有利であることは事実だろう。しかし、偏差値○○以上だと確実に入れる企業というものは存在しない。偏差値というものを無意識のうちに絶対の基準として生きてきた人にとっては、そこが理解しがたいのだろう。もし希望した企業に入れなかったときには、人生が否定されたような心境にもなってしまうのだと思う。

生まれて物心がついたころには、誰もが何らかの競争に乗っかっている。ある程度の年齢になれば、自分が参加しているランキングの正体はそもそも何なのかということを考えてもいいと思う。そこから脱落する、競争のフィールドを変えるという選択肢もあるのだ。

「陸上なんていつやめたっていい」と言い続けた母

僕の母は、いつもこんなふうに言っていた。

「陸上なんて、いつやめたっていいのよ」

僕が真剣に取り組んでいる最中にも、母のスタンスは変わらなかった。僕が一〇〇メートルをやめて四〇〇メートルハードルに移ろうとしたとき、もし母がこう言っていたらどうなっていただろうか。

「まだ一八歳なんだからわからないわよ」

「もうちょっとがんばってみたら？」

おそらく、若い僕はあの時点で一〇〇メートルをやめずに、もう少しやってみようという気になっていたかもしれない。そして、上がる見込みのないランキングに四苦八苦するうち、陸上に対する情熱を失い、勝つことに対する意欲も失っていたかもしれない。

おかしな話だが、母の「いつやめてもいい」という言葉があったからこそ、「陸上はやめたくない」という気持ちが強く働いたのだと思う。陸上をやめないために、一〇〇メートルをやめるのだというふうに考えることができたのだ。

僕の名前は大と書く。ほとんど人生の価値基準のようなことを言わなかった母が唯一託したのがこの「大きい」という文字だった。聞いただけだと抽象的でほとんど基準になっていない。どうなれば大きくなれるかなんてわからない、ただ体が育って大人になるという意味なら、放っておいても大きくなれる。何が求められているのか曖昧だった。

母の性格を考えるとそこまで計算していたとは思えない。けれど、陸上で一番になりなさいと言われるよりも、大きくなりなさいと言われたほうが僕にとってはありがたかった。基準をつくる余地がそこには残されていたからだ。

どの範囲の一番になるかは自分で決める

二〇一二年のNHK大河ドラマは『平清盛』だった。平安時代末期に生まれた武士、平清盛が、貴族社会全盛の世の中で天下を取っていく話である。

清盛の時代の日本の人口は、現在の一億三〇〇〇万人からすると約二〇分の一以下の五〇〇万人から六〇〇万人である。単純に確率だけで考えると、天下を取るのは現在と比べたら簡単だったのかもしれない。

しかも、当時は生まれによって階級が定められた厳然たる階級社会である。権力社会にエントリーできる人間そのものが、圧倒的に少なかったのだ。熾烈な競争といっても、相当限られた範囲での争いが繰り広げられていたことになる。現代の僕たちが感覚的にとらえている「日本一」という感覚と、当時のそれはかなり異なっているのではないだろうか。

日本で一億三〇〇〇万人、世界で七〇億人の人口がいる時代である。カテゴリーが大きくなればなるほど、一番になれる確率は低くなる。だからこそ、小さくてもいいから自分が勝てるフィールドを探していかないかぎり、いつまでたっても勝てない状態が続く。

では、何をもって一番というのだろうか。

日本で一番になっても、必ずしもそれはアジアで一番ということではない。もちろん世界で一番ということにもならない。一番というのは、「状態」である。ある範囲で、ある時点で頂点に立っている「状態」を指すにすぎない。範囲や期間を限定しない「一番」はムービングターゲットで、いつまでたっても到達することができない。

じつのところ、「一番を目指す」といったとき、無意識のうちにその範囲は自分で決めているものだ。たとえば陸上の場合でも、全日本選手権で勝つ、シーズンで一位になる、アジア記録を出す、世界記録を出すといった、さまざまな「一番」の取り方がある。僕はそれでいいと思っている。

ところが、世間にはそれを壊しにやってくる人が必ずいる。

「一番と言っているけど、上には上がある。世界ランクではまだトップテンにも入っていないじゃないか」

「井の中の蛙になるな。こんなのは、より上を目指す過程にすぎないぞ」

こう言われると、自分の価値観が否定されたと感じるかもしれない。

「いや、俺はそこまで求めていないんだ」

そう言えばいいのだ。それを「自己満足」「逃げ」ととらえる人もいるだろう。しかし、どんな分野においても厳密な「一番」なんて誰にもわからない。オリンピックに出場することはなくても、金メダリストを上回る身体能力を備えた人間だって地球上にはいるはずだ。なにしろ地球上の半分以上の人はスポーツをやったことすらない。どんなランキングも、人為的なものである。

それを念頭に置いたうえで、自分はどこでどこまで勝ちたいのか、そのうえで何を成し遂げたいのかを考えておくべきだ。そうすれば「上には上が」などと言われても、涼しい顔で「自分はこれで満足だ」と言えるはずである。

金メダルは何の種目で取っても金メダル

文部科学省が、オリンピックでのメダル獲得目標というものを掲げている。もし本気になってメダル数を増やそうと思えば、少ない強化費用で獲得できるメダルを統計的に割り出すことができるのではないかと思っている。しかし、こういう話はタブー視されていて、これまでは誰も触れてこなかった。

たとえば、一〇〇メートルの強化に一〇〇億円を投入しても、どうしたって金メダリストはつくれない。しかし、例として卓球を挙げると、シングルスとダブルスに同じ選手がエントリーできるので、一人を集中的に強化すればメダルを量産できる可能性がある。仮に同じ強化費をかけて金メダルが一つの場合と二つの場合では、コストパフォーマンスが異なるのは誰にでもわかる。メダル数を競うランキングに参戦してそこで勝とうとするのであれば、むしろそういうところに集中的に強化費を投入したほうが効率がよくなる。

先日来日した、三段跳の元世界記録保持者、ウィリー・バンクスが、記者会見で日本人の記者に、陸上の世界大会で決勝に残れるアジア勢が少ないことについて質問をされた。これは、アジア系よりアフリカ系のほうが陸上において有利なのではないかという意味にもとれる質問だった。バンクスは言葉を選びながらこんなふうに答えた。

「文化的問題はあるかもしれない。カール・ルイスくらい速い人がいても、日本でその人が陸上ではなく別の競技をやっている可能性がある。野球とかね。イチローはメジャーリーグでも成功していることからも、しかるべき人間をトレーニングすれば、陸上でも勝てる日本人は出てくるだろう」

そのとおりだと思う。日本で最も陸上向きの骨格・体型の人間が、陸上をやっているわけではない。しかしながら、僕はアジア系とアフリカ系では肉体的な格差というものはあると思っている。決勝に残るレベルではなく、本当に金メダルを狙うのなら、陸上以外のスポーツを狙ったほうが間違いなく勝率は上がるだろう。

金メダルに軽重があるわけではない。

しかし、金メダルを獲得できる確率や金メダルを取るために必要な費用には、種目によって大きな差があるのは事実だ。だとすれば、取りやすいほうで勝負してもいいのではないだろうか。

こうしたロジックを展開すると、それは逃げだと言う人がいる。

でも、僕はそうは思わない。ビジネスの場合であれば、誰も手をつけていない勝ちやすい分野で勝負することを「ニッチを狙う」というのは先ほど触れた。安直でもなく逃げでもなく、むしろ賢い先見の明を備えた人と称賛されるのだ。それなのに、スポーツをはじめとするほかの分野になると、途端にずるいとか計算高いなどと批判される。

自分が強みを持っている分野で、より競争の激しくないところで戦う。これが勝負の鉄則だ。しかし、その考えに抵抗感を持っている人は多い。

「なんでおまえは競争を勝ち抜いていこうという覚悟がないんだ」

人はそう言われることを怖れる。この怖れの原因は、自分のことを正確に分析しきれていないことである。

僕も自分の限界を認めることに対しては、激しい抵抗を感じた時期があった。しかしやがて気づいたのは、どこかのタイミングで「自分はこんなものでしかない」ということを一度受け入れなければならないということだ。「このぐらいが自分なんだ」

ということを知る、といってもいい。

自分という存在のままこのフィールドで勝てるのか。それとも、もっと楽に勝てるフィールドが別にあるのか。僕はこう考えて、勝負する競技を思い切って変えた。そのとき僕が徹底的に考えたのは、今の自分の力で「やりたいこと」をやるのか、それとも「できること」をやるのか、どちらを取るかということだった。熟考した結果、最も諦めたくなかったのが「勝負すること」だった。

自分のことを正確に認識し、その自分が通用する世界をきちんと探す。僕はこれが勝負の世界への入り口だと思っている。

弁護士や検事になりたいと、司法試験の受験に備えてがんばっている人がいる。やっているなかで、このくらいが自分なんだと正確に認識したとき、司法試験に合格する見込みが薄いことがわかってしまったとする。頭のなかではわかっていても、多くの人が何年もの間受かる見込みのない司法試験を受け続けている。そして、三〇歳か三五歳を機に、結局夢破れて路線変更する。

このくらいが自分なんだとわかったときに、もし弁護士になったあとの目的をしっかり考えていれば、弁護士になるという手段を切り替えることができたのではないか。

困っている人を救うとか、人の役に立ちたいといった目的は、弁護士にならなくてもかなえることができるはずだ。親が弁護士だから、親が医者だから、親がアスリートだから……。だからといって、自分が同じ道で勝負しなくてはならない理由はどこにもない。

スポーツの世界では、とりわけ「中途半端なところで諦めるべきではない」という価値観が強い。途中で諦めたら、どの世界に行っても同じことが続くぞ、とお決まりのように言われる。そう言う人には聞いてみたらいい。

「では、あなたは僕がやめずに続けたとして、どのくらいまでいくと思いますか」

その問いに対する答えが具体的で根拠のあるものなら、考え直すのもありだと思う。しかし、ただ「諦めるな」と言っているだけなら聞き流せばいい。

ＡＫＢ総選挙で生まれた「それぞれの物差し」

ＡＫＢ48は、二〇〇九年から毎年一回、シングルに参加するメンバーを決めるファン投票を行っている。選抜総選挙と呼ばれるそのイベントは、開催されるたびにメディアを賑わせている。

ＡＫＢ48について、僕はほとんど知らない。ただ、この選抜総選挙には賛否両論があることは耳にしていた。ファン以外の人からは、投票権欲しさにCDを買い占めるファンの行動に問題はないのか、そのファンを当て込んだ商法として倫理上問題ないのかといった指摘もあったという。一方、ファンの人からは、ＡＫＢ48内部の人間関係についての視点からこんな意見も聞かれる。

「あんなことをすると、メンバー間の雰囲気が悪くなるんじゃないか」
「だいたい同じグループ内の順位づけを毎年やること自体がおかしくないか」

あるとき、総選挙でトップに立つ「センターポジション」を毎年争っていた前田敦子さんのインタビューを読んだ。そこには、選抜総選挙は結果的にはグループ全体にとってすごくよかったと書いてあった。

選挙は争いごとなので、メンバー内部でもそんなことをしたら当初は人間関係が悪化するのではという不安があった。ところが、選抜総選挙を重ねるうちに、メンバーの意識が変わっていった。一人ひとりが総選挙を通じて自分の役割をしっかりと定義できるようになり、「仲よしグループ」を卒業してプロ意識でつながったグループに成長していったのだ。前田さんはこんなふうに言っている。

「それぞれが自分の立ち位置を見つけて、強くなれて、そのうえで改めて一つになれた」

（「アエラ」二〇一二年九月三日号）

AKB48の選抜総選挙は、センターポジションを選ぶ一直線のランキングのように見えていながら、メンバーそれぞれの物差しで自分なりのランキングをつくり出したところが面白い。

「私は絶対にセンターポジションを狙う」

「私はナンバーワンじゃなくて、いじられキャラ担当」
「私はお笑いキャラでいく」

彼女たちにとっては、一位になってセンターポジションを取ることよりも、自分のよさが生かされるキャラを打ち出し、そのキャラに合った仕事をきちんとこなしていくことのほうが、長期的には大事なのだろう。

こう考えると、AKB48の選抜総選挙を一口に酷であるとも言い切れないのではないだろうか。センターポジションは一人だけである。それを目指しても勝ち目がないとわかったメンバーたちには、上位に食い込むために別の戦略をとる選択肢もあるのだ。

どうも日本は教育の現場等でも、あまりにも真剣勝負で勝ち負けをはっきりさせることを避けすぎていて、そこにフラストレーションがたまっているのではないかと思う。勝負しなくたって優劣くらい見ればわかるのに、それを隠すから妙に気まずい感じになる。

真剣勝負は、厳しい。だめなものはだめ、負けは負け。だけど真剣勝負に挑んで敗れることで見えてくる新しい基準がある。僕は一〇〇メートルの選手になりたかったけれど、自分が到底かなわない本物の才能に出会ったことで、ハードルに切り替えることができた。勝負がなければ勝てない種目にしがみついていたかもしれない。

スポーツにおいて、競技以外の場でも真剣勝負がもっとあっていいはずだ。ある種目で上位になる選手はだいたい決まってきて、毎年大幅に入れ替わるわけではない。ある年齢までに結果を出し、スポンサーがついて自分で食べていける状態になっているアスリートがいる。その一方で、同じ年齢でもまだそこまでいっていないアスリートに強化費という支援が施される。

強化費は、今の基準でいえば世界で戦える選手の強化に使われるべきで、長いことがんばっているけれども、芽が出ない人の生活を支えるためのものではないと思う。実質的な生活援助をスッパリと打ち切らないことによって、三五歳ぐらいまでこれという結果も残せずにただただ打ち込み続け、一般社会に適応できなくなったアスリートはたくさんいる。

真剣勝負を避けると、現状維持こそがベストという風潮につながりやすい。勝ち負けがわからないから続ける理由もやめる理由もない。今まで続けてきたことをこれからも続けるだけである。そして気づいたときには、新しいチャレンジができるタイミングを逃してしまっているのだ。

第5章
人は万能ではなく、世の中は平等ではない

不条理というものについて

東日本大震災で母親を亡くした陸上部の子と話す機会があった。彼は少しずつ震災直後の出来事を話し、こっそり家に帰って母親が亡くなったと知ったあとのことをこう表現していた。

「今もなんで僕の母親だったのかがわからないんです」

ものごとには因果があり、努力や苦労は報われると世間では言われるけれど、災害で犠牲になった人を前にして僕は因果なんて何もないと感じた。犠牲者とそうではない人の間には特に理由がない。何か理由があって犠牲になったわけではなく、ただそうだったとしか言えない。日々を一生懸命に生きた漁師の方が津波で亡くなった。そこに理由などない。ただ不条理があるだけだ。

努力がすべてだと言われて僕は育っていたから、僕に敗れ去っていった選手に対してどこか努力が足りなかったんだろうという目で見ていた。でも、引退近くになり自分の実力が落ちていくなかで、努力量と実力は比例しないのを知った。スポーツはまず才能を持って生まれないとステージにすら乗れない。僕よりも努力した選手も一生懸命だった選手もいただろう。でも、そういう選手が才能を持ち合わせているとはかぎらない。

そもそもこの勝利が自分でつくり上げたものでないのなら、自分の役割は何なのだろうか。現役の最後は、もう自分の身体が自分のものだけではない感覚で競技を続けていた。自分が自分であることに理由はなく、ものごとにも因果なんてなく、真面目な人に災害が降りかかり、何も考えず平穏無事に暮らしている人もいる。世の中は不条理で、それでも人は生きていくしかない。

一方で、理屈ではどうしても理解できない、努力ではどうにもならないものがあるとわかるためには、一度徹底的に考え抜き、極限まで努力してみなければならない。そして、そこに至って初めて見えてくるものもある。

生まれによる階級、才能による階級

「諦める」という話を深く掘り下げていくと、どうしても「階級」という問題にいきつく。裕福な家庭に生まれた人と貧しい家庭に生まれた人。権力を持った家系に生まれた人と権力を持たない家系に生まれた人。生まれた階級によって人生の一定の部分が決まってしまうことは否めない。

もしまったく階級がない、完全な機会平等のフラットな社会があったとしたら、成功できなかった理由についてこんなふうに言われるだろう。

「きみが成功を手にすることができなかったのは、努力と熱意が足りなかったせいだ」

階級がないのだから、人は等しくチャンスを与えられる。それを生かすも殺すも、それは本人の努力と熱意によるという建前がある。しかし階級があると、社会システムに対して恨みをぶつけたり攻撃することができる。

「自分が成功しなかったのは、階級があるから仕方がないことなんだ」

「俺は一生懸命やった。でも、社会のシステムがこんなだから限界があるんだ」


ノブレス・オブリージュという概念がある。

辞書的な意味は「身分の高い者、豊かな者はそれにふさわしい義務を果たす必要があるということ」である。この考え方は、最終的に社会には階級が厳然と存在することが前提になっている。だからこそ、ふだん優遇されている階級の人はいざというときには最も危険な場所に赴き、社会のために応分の負担をしなければならないという考え方をするようになったのだ。

勝ち組が勝ちっぱなしだったとしたら負け組は革命を起こすだろう。つまり、ノブレス・オブリージュという考え方は、きれいごとではなく非常にドライな発想から出てきた概念ともいえる。どこかで大衆のガス抜きをするために。


では、生まれたときの環境、生まれた場所のような階級をすべて取り払ったとして、人はすべて平等になっているのだろうか。そうではないだろう。

生まれによる階級がなくても、才能による格差は存在するからだ。

生まれながらにして速く走れる人もいる。さほど練習もしないのにサッカーが上手い人がいる。努力しなくても頭がいい人もいる。一方で、できる人の何十倍練習しても、何十倍勉強しても、絶対に追いつけない人たちがいる。どんなに否定しようとも、才能による格差はなくならない。

僕は、物心がついたときから足が速かった。足が速いから競争に勝つ。勝つと褒められる。だからもっと練習して、もっと速くなろうとする。するとどんどんタイムがよくなっていく。才能があるから努力することが苦にならない、だから人より多く練習できて、さらに能力が伸びていく。僕に走る才能があったから、そういう好循環が生まれた。

一方で、僕には音楽やコンピュータのプログラミングといったことに才能があるとは思えない。そういう方面で才能のある人は、黙っていても音楽をつくり、奏で、プログラミングし、みんながあっと驚くような作品を誰に頼まれたわけでもなくつくる。才能があるとは、つまりはそういうことだ。

多くの指導者は、スタープレーヤーが取り組む驚異的な練習を見て、教え子たちに「見ろ。あのぐらい練習しているからあそこまでの選手になったんだ」と諭す。しかし、スタープレーヤーは、努力を努力と思わず、努力そのものが楽しいという星の下に生まれてきていることがほとんどだ。

才能があると思えているところからスタートしている努力と、自分にはまったく才能がないとしか思えないところからスタートしている努力は、苦しさがまったく違うのではないだろうか。

あなたにとっての苦役は、あの人にとっての娯楽

意外に思うかもしれないが、球技があまり得意でない僕は、サッカーをたった一時間練習するのでさえ苦痛で仕方がなかった。

走り回る競技なのだから、同じことだろうと言われるかもしれない。でも、陸上で走ることのほうがずっと楽しかった。どれだけ長い時間練習しても苦にならない。練習で同じ時間を費やしても、楽しくて仕方がない競技とそうではない競技では、その「濃度」が違う気がした。

才能のある人は、練習の一部は娯楽になっている可能性がある。しかし、才能のない人たちにとってみたら、練習は苦役でしかない。

「ほら、イチロー選手は何千回、何万回とバットを振ったからこそあそこまでの選手になったのだから、きみたちもがんばって振りなさい」

才能のない人には、イチローと同じ練習量は苦痛であるばかりでなく、成果につな

がらないという意味で二重につらいことなのである。

スポーツではないが、よくこんなフレーズも耳にする。

「寝ないで取り組んだ成果です」

日本では「寝ないでやる」ことが、ともすれば勤労の美徳のようにいわれる。だが、寝ないで取り組めるぐらいのことだから、結果としてそうなったというだけの話だろう。そうでなければ「寝ないでやらされた」となるはずで、そのおかげで成功したという実感は湧いてこないだろう。

いくら好きでも、寝ないでやるのは体力的にもきついと思うが、そのきつさが一般の人で一〇〇だとしたら、才能のある人はおそらく三〇くらいにしか感じていない。

昔の僕は、陸上にかぎっていえばそういう状態だった。だから、結果が出ない人に対してすごく失礼なものの言い方をしていたと思う。

「僕はきみたちより三倍も練習しているんだから、結果が出るのは当然のことだ」

ところが、三〇歳を超えて自分の競技人生が下り坂にさしかかってきたころから、努力することが苦痛に変わってきた。結果が出ない努力の何と苦しいことか。それを身にしみて感じるようになった。その感覚は、高校生のときに一〇〇メートルで伸び悩んでいたときの感覚とは、また違うものだった。

僕は、ぐんぐん伸びている途中の才能を持った若手選手の姿を、昔の怖いものなしだったころの自分を見る思いで見つめるようになった。彼らには、登りつめていく過程の若者が持つ、独特の自信に満ちた感じがあった。

「やればできる」

彼らはそう信じていることだろう。彼らの初々しさを微笑ましく見る一方で、ある種の腹立たしさも感じていた。そんな思いを抱えながら、競技生活の晩年にさしかかった僕は自分なりの努力を続けた。

努力なしに成功を手にすることはできない。

しかし、人によって努力が喜びに感じられる場所と、努力が苦痛にしか感じられない場所がある。苦痛のなかで努力しているときは「がんばった」という感覚が強くなる。それが心の支えにもなる。ただ、がんばったという満足感と成果とは別物だ。

さほどがんばらなくてもできてしまうことは何か。今まで以上にがんばっているのにできなくなったのはなぜか。そういうことを折に触れて自分に問うことで、何かをやめたり、変えたりするタイミングというのはおのずとわかってくるものだと思う。

「絶対に正しい」ものがあると信じているアメリカ人が苦手

アメリカには、ノブレス・オブリージュという概念が希薄だ。アメリカは階級社会のイギリスとは違って、機会の平等があるという建前になっている。誰にでも夢を実現するチャンスがある国、それがアメリカだ。

しかし、ほとんどのアメリカ人にとって、アメリカンドリームは縁のない話である。だからといって「アメリカンドリームは例外」と言ってしまったら、国の成り立ちを否定することになる。苦境に陥っている人々を希望でつなぎとめておくためのシステムが、ガラガラと崩壊してしまうだろう。アメリカでは、ポジティブ・シンキングはある種の宗教みたいなものである。

僕はつい最近までアメリカに三年間暮らしていた。気のおけない友達どうしの集まりでも、最後に今日がどれほど素晴らしい一日であったかということをまとめたがる人物が必ず出てくる。何かを得ないと気がすまない、最後によかったことにしないと気がすまないというのは、アメリカ人の一つの特徴だと思う。

人生が右肩上がりになっていないとある種の罪悪感さえ持ってしまうのがアメリカのカルチャーだ。現実はどうあれ、最後は前向きになっていることにしておこうと帳尻を合わせようとしているような印象さえ受けた。

僕は何でもポジティブにしなければ気がすまないタイプのアメリカ人にはなじめなかった。何かが絶対に正しいと信じている人が苦手なのだ。

気が合ったのは、少し「枯れた」国からわりと最近になってアメリカに来た人たちだ。「こなれた」国といってもいいかもしれない。彼らは落ち着いた感じで、ものごとを客観的に見られる人たちだった。

僕には、アメリカという国の持つ空気と、日本のアスリートや大学の体育会的雰囲気が重なって見える。

何ごとに対してもポジティブで能動的。ものごとは右肩上がりでよくなっていくはず。そこには何かを得たら何かがなくなるというトレードオフの感覚は一切ない。僕自身が二十代前半まで抱いていた「やればできる。すべては解決できる」という、根拠なき全能感みたいなものかもしれない。

スポーツの世界では「やればできる」「夢はかなう」という姿勢を周囲から期待さ

れているから、アスリートはある程度それを引き受けて演じている面もあるだろう。記録や勝敗というかたちで結果が明確に出るので、一流のアスリートになればなるほど、自分はどのあたりにいるかが厳密にわかっているものである。

こういうことをツイッターで言うと、かなり多くの方から「がっかりした」「それを言ったらおしまいですよね」といった怒りの反応が返ってくる。ほとんどが若い人だ。反対に三十代、四十代以上の人からは「わかる」という反応が多くなる。「がんばっても無理なことがある」というのは、決して夢を否定しているわけでもなく、努力することを無駄だと言っているわけでもない。そのことが腑に落ちるのは、何かを諦めた経験があってこそなのかもしれない。

「リア充」なんて全体の一〇パーセントもいない

この原稿を書いている段階で、僕のツイッターフォロワーは一五万人を超えている。これだけ多くの人に瞬時に自分の思っていることを発信でき、フィードバックを得られるソーシャル・メディアは、アスリートの世界からより広い世界へフィールドを広げようとしている僕にとっては、非常にありがたいツールだ。

ツイッターは、自分が他人にどのように評価されているかを知ることができる「鏡」のような存在である。ソーシャル・メディアからの情報がなかったら、自分の立ち位置は今よりずっとわかりにくかったと思う。

一方、こういうものが出てきた結果、世の中の人の立ち位置がものすごくフラットになった。たとえば、現職の総理大臣のことを選挙権もない若者が「おまえ」呼ばわりすることだってできる。

僕のツイートにもしばしば批判のメッセージが送られてくるが、トークイベントなどで実際に会って話すときに、ツイッターにあるような強い口調で反論してくるような人には会ったことがない。

街を歩いていて突然失礼なことを言われたりはしないのに、ネットのなかでは通りすがりに悪態をついたり、難癖をつけてくる人たちがいる。匿名だとある種の解放感があって、日ごろ言わないようなことも言ってしまうのだろうか。まるでネットのなかにもう一人の人格がいるかのようである。

実名のソーシャル・メディアであるフェイスブックなどにおいても、リアルの自分とは異なる人格を演じている部分がある。

フェイスブックに上げる情報は「見られてもいいもの」というより、むしろ「見てほしいもの」である。楽しいこと、うれしかった経験、美しいもの、ためになる話……などであふれている。参加者は、いわゆる「リア充」である側面を強く出す。

そうなると、世の中にはまるでリア充の人しかいないような錯覚をしてしまう。だが実際は、リア充なんて全人口の一〇パーセントもいないだろう。この一〇パーセントという数字はいい加減なものだが、ソーシャル・メディアのなかった時代と比べて、リア充の人間が急に増えたとは思えない。

参加者がお互いのリア充ぶりを共有することで、全体としての充実感は向上しているのだろうか。僕は、むしろ逆のような気がしている。

かつて「あなたは今、幸せですか？」という問いに「そこそこ幸せです」と答えていた人たちの多くが、「あの人たちに比べたら幸せじゃないかも」という気持ちにさせられているのではないかと思うのだ。幸福感というのは相対的なもので、自分の状況に不満はなくても、より楽しく、より豊かに暮らしている人を見ると、「自分はこの程度で満足していていいのだろうか」という気になる。

ソーシャル・メディアは、一人の人が意識的に何人もの人格を演じることを可能にした。ツイッターでは攻撃的な人格、フェイスブックでは子煩悩なリア充、そしてリアル社会では、組織や家族のなかで期待されている自分を演じる。それ自体をいいとも悪いとも思わない。人間はそもそも多面的で、一人の人間はいくつもの顔を持っている。それをかなり明確に演じ分けられるツールが出てきたというだけのことである。だから、不満のはけ口としてツイッターに吐き出された言葉に本気で怒ったり、フェイスブック上の粉飾された他人の幸福に対して嫉妬したりするのは意味がない。

ソーシャル・メディアを通じて見える世界は、現実そのものではない。そこで批判されていることも絶賛されていることも、ある程度修正をかけて見ていくことが必要だと思う。

「誰とでも」は「誰でもいい」と同じ

ソーシャル・メディアのなかったころは、自分を演じ分けつつ、会ったこともない他者と絡むことなど不可能だった。顔と名前が一致する人だけに囲まれた、淡々とした毎日である。もっと外に向かって出ていきたい、まだ見知らぬ面白い人とつながりたいという人にとっては、実にもどかしい社会だった。

しかし、ソーシャル・メディアの登場がそれを可能にした。ソーシャル・メディアを縦横に駆使することによって「今ここ」を離れて自由に人とつながり、自分を表現できるようになった。

ソーシャル・メディアは、リアルの世界に比べて人間関係がすごく気楽だ。時間や場所の制約はないし、知らない人どうしでも簡単につながることができる。こういうものができたおかげで、コミュニケーションの総量はかなり増えていると思う。これは、ソーシャル・メディアがもたらしたポジティブな側面だ。

しかし、それは「わざわざ会う」「あえてつながる」といったコミュニケーションが減っていくということになる。一日は二四時間しかないから、「いつでもどこでも」

のオンライン状態である時間が長ければ長いほど、密度の濃いコミュニケーションの時間は短くなっていく。つながりやすくなったことが、かえってつながりの手触りを失わせているのではないだろうか。

シェアハウスのようなものが流行するのは、その反動でもあるような気がする。昔、企業がやっていたような社員旅行や社内運動会に参加したがる若者が増えているのも、影響の一つだと思う。

群れのなかにいるということは、生物にとって命を長らえることにつながってきた。誰かとつながるということは、そうした歴史をたどってきた人間の脳に、何らかの物質を出させるのかもしれない。だからこそ、どんなかたちであれ人間は誰かとつながることを求めてきたのだろう。

ただし、リアルなつながりや絆の裏側には、同時にドロドロとした人間の嫌な面や面倒くささも存在する。それが鬱陶しくてバーチャルな世界に行くと、いつでも替えが利く存在としての気軽さがある半面、血の通ったつながりがないという物足りなさがある。

ソーシャル・メディアがあれば何人もの自分を使い分けることができるが、それにしてもどこかで「自分はこの程度だ」という自覚が必要なのではないだろうか。誰とでもつながれる自由や自分を発信する自由がある一方で、つながらない自由や発信しない自由もあるのだということを確認しておきたい。

さもなければ、リアルな世界とバーチャルな世界という二つの世界を生きていかなければならない今の時代、人は疲れきってしまう。

「オンリーワン」の落とし穴

個人の能力の差を、優劣ではなく個性だととらえる考え方がある。僕もそれを否定はしないが、社会で「能力の差は個性」という考え方が浸透しているとはいえない。たとえばどんな会社でも「優秀な人を取りたい」と公言している。どの生物の世界を見ても優劣がある。勝った遺伝子がコピーを増やし、それで生物は進化してきた。環境に適応した遺伝子が残るのだ。何が強さで何が優秀かというのは定義しにくいけれど、そこには明らかな競争がある。「ナンバーワンにならなくてもいい」という価値観もあっていいが、「個人の能力に優劣はなく、あるのは違いだけ」ということを徹底して競争を否定する集団は勢いを失い、他の集団との競争で敗れるだろう。

社会が才能の優劣や、境遇の格差をある程度是正するのは大事だと思うが、競争を封じる方向に向かうことは危険だと思う。そもそも世の中には競争自体をゲームのように感じている人間がいる。そういう人種は勝ち負けを簡単に優劣に結びつけたりはしないものだ。勝ちに対しても負けに対してもドライなのである。その根底には「人間に優劣はないが、能力に優劣はある」という割り切りがあるのだと思う。この「人間に優劣はない」ということが信じられないかぎり、いくら能力の優劣を否定しても、幸福感は得られない。

競争に背を向けるのも個人の自由である。でも社会はある基準で測った「優秀な人」をもてはやす。人は他者にある程度評価されなければ、自分の価値を感じられない生き物である。世の中に認められたくても現時点では認められていない人に、「きみは今だってオンリーワンだよ」と言ったところで何の慰めにもならないだろう。

競争から解き放たれた人と、競争から逃げた人は違う。自分なりの幸せに気づいた人と、負けるのがいやで競争を否定している人も違う。優劣はないと心底信じるためには、自分自身を徹底的に肯定できないと難しい。僕の感覚では、その自己肯定に至る作業はどんな競争よりも厳しいものだ。

「あなたはオンリーワンだからそのままでいい」という考え方の落とし穴は、社会に存在する物差しで自分を測ることを諦めなさい、というところである。どんなに恵まれている人でも、自他ともにオンリーワンと言いきれるほど特徴がある人間なんてほとんどいないから、「あなたはあなたのままでいい」という言葉を疑いなく受け入れられるほどの自己肯定感は、「社会側から自分は一切認められなくてもいい」という諦めと一体なのだ。

僕は人間なんてみんな一緒で個性なんてないのだから、何者かになる必要なんてないと言われたほうがほっとする。

あなたがオンリーワンかどうかは他人が決めている。「誰もが特別なオンリーワンなのだから自信を持とう」というロジックは、「悲しみも脳の勘違いにすぎないのだから気にするな」というのに似ている。そう言われても悲しみがなくならないように、いくらオンリーワンと太鼓判を押されても、自信が持てるわけではない。

自分らしくあればいいと言われても、自分らしさとはいったい何かということがわからないから人は苦悩しているのだ。そんな人に「そのままでいい」と言ったところで、むしろ「自分らしさを持たなければならない」とさらに追い詰めていることになりはしないか。

究極的には、誰にも自分らしさなどないのではないかと思う。

自分らしさと思い込んでいるものは、他人から聞いたこと、どこかで見たもの、何かで読んだことの寄せ集めにすぎない。一つひとつを取り出せば特徴がなくても、その組み合わせが自分らしさと呼ばれているものになる。それを「オンリーワン」という言葉でくくってしまうと、かえってハードルが高くなる。

「人は、人生で何か一つ、夢中になれるものを見つけなければならない」

僕は、これも勘違いだと思っている。僕は四〇〇メートルハードルという種目で人並み以上の結果を残したが、出合うべくして出合ったわけではない。広島県の地元に陸上クラブがなければ、おそらく陸上などやっていなかっただろう。陸上をやることが僕らしいことだったというよりも、結果的に僕らしいことだったということでしかない。

今、人として評価される要因に「軸がブレない」という要素がある。これは「自分らしさ」とも読み換えられる。ブレない人はかっこいいが、ブレないことに固執しなくてもいいのではないかと思っている。ブレないことに執着しすぎると、他者から「ブレた」と言われることを過剰に怖れるようになる。批判されて傷つくことを避けようとして、冒険できなくなってしまうのではないだろうか。

自分らしさなんて、初めからあるものではない。いろいろな経験が寄せ集められることで、だんだん築き上げられていくものだ。人生を振り返ったときに、結果的に「ああ、これは自分らしい選択だったな」と思うことはあっても、あらかじめ「これを選ぶのが自分らしい」ということはわからないことのほうが多いものだと思う。

アドバイスはどこまでいってもアドバイス

ネット上では、顔の見えない人がいろいろなことを言う。すべての人が親身になってアドバイスをしてくれていないわけではないだろうが、それを残らず受け止めていたら身がもたない。

仮に何千人という知らない人から送られる思い思いの意見を聞いたとしよう。そこで言われる批判的な意見を受け入れるのは、かなりつらい作業だ。自分に都合のいいところだけ受け入れられるのであれば、すべて聞いてもいいと思う。しかし、マイナス面だけをシャットアウトするのは、技術的にも難しい。

そんなときは、あえて「聞き流す」ことだ。

自分が聞くのはこの範囲まで、と明確なラインを引く。大事なのは「聞かない」ことではなく「無視をする」ことでもない。聞いたうえで流すのだ。

僕は、何かを決断するために必要なアドバイスは、多くても五、六人からもらえば十分だと思っている。身近で信用している人のアドバイスだとしても、間違っている可能性はある。アドバイスは、どこまでいってもアドバイスの域を超えないのだ。

ソーシャル・メディアというツールは、アドバイスを得るには便利なものである。ツイッターを通じて「どうしたらいいでしょう」と問えば、顔も知らない人たちが親身になって言葉を返してくれる。面白半分に反応する人もいるだろう。

昔はアドバイスを求めるにも覚悟が必要だった。アドバイスを求めた人にはきちんと結果を報告するという義理もあった。それだけ人にものを聞くことが「重い」ことだったのだ。気軽に人にものをたずねたり、その道の専門家に助言を求めたりできるネットというツールは素晴らしいが、いろんな人の意見を聞くという名目で、ただ自分のするべき決断をずるずると先延ばしにしてしまうリスクもあると思う。

ソーシャル・メディアが社会インフラとして定着していく時代には、人間関係を立体的に見るということが重要になってくる。現実の世界では、配偶者や親兄弟の言葉と、あまり関係の濃くない人の言葉を比較した場合、同じことを言っているとしてもまったく受け取り方が異なる。

一方、ソーシャル・メディア上ではどんな関係性の人の言葉も並列に見えてしまう。本来であれば、聞かなくてもいいようなノイズに近い言葉が、普通のボリュームで聞こえてきてしまうのだ。そして、多くの人が聞かなくてもいい言葉に振り回されている。

僕がもしツイッターを自分で設計するとしたら、今のようなタイムラインで出てくるような形にはしない。自分との関係性の濃さによって、流れてくるツイートの文字の大きさが違う形で出てくるような設計にするだろう。ふだんから密接につながっている人は、大きな字で出てくるようにする。

フェイスブックのタイムラインは、すでに人間関係の濃さをある程度反映するような設計になっている。お互いに「いいね!」を押し合っている、仲がいいと思われる人のコメントが先に出てくるようになっている。

適当な感覚で言っている一言と、ものすごく切実な気持ちで言っている一言が、図らずも同じ表現になることがある。適当な感覚で言った人の声は聞き流してもいいが、切実な気持ちで言ってくれた人の言葉は、少し嫌だなと思っても真剣に聞くべきだ。

ソーシャル・メディア上でつながっている人が増えても、自分にとって本当に大事な人が発した言葉が、顔の見えないその他大勢の言葉に埋もれないような仕組みができたらいいと思っている。

「あなたのためを思って」には要注意

何かを諦めた人が取る行動は、二つに分かれる。潔く今とは違うフィールドに移り、再び淡々と成功に向かって動き始める人と、諦めていない人を自分の仲間に引き入れようとする人だ。

後者の人の心理を言葉にするとこうなる。

「ずるい、不公平だ」

「僕が諦めたのに、どうしてアイツは諦めていないんだ」

こういう人は、自分は不本意ながらも諦めたのだから、生き生きと夢を追いかけ続けている人が気になって仕方がない。勝負の舞台から降りた途端に勝つことの無意味さを語り、勝つためにがんばることの無意味さを熱弁する。

僕は人が熱くなってくると自分が冷めるという癖があるのだけれど、昔から他人に執着をされるとすごく苦しくなる。先生でも友人でもあったけれど、「おまえのためを思って」などと言われれば言われるほど、距離を置いてしまうのだ。ひねくれ者だったからかもしれない。

「きみは絶対に変われる」という熱意は大事だけれど、相手の何を変えようとしているかでだいぶ違う。やっかいなのは自分が思う「正しい」方向に相手を変えようとする人だ。

その場合、「あなたは今よくない状態にある」という見方が前提となっている。それが「よくない」というのはあくまでも主観である。

あなたが今やっていることを諦めろと言ってくる人は、「自分と同じになってほしいから」そう言っているのか。客観的に見て、勝算はないからやめろとドライに言っているのか。それを見極めたほうがいい。

僕が好きだった先生は、「忘れ物は三回までは許します」と最初に宣言して、四回目からは有無を言わさず罰した。僕は前の日にその授業の準備だけはしてから寝るようになった。「絶対に許されない一線」を設定すれば、子どもだって守る。こういうドライな基準こそが、成熟した社会における優しさではないかと思うのだ。

人の夢は本来自分に迷惑がかかるものでないかぎり、他人には口出しすることができない。それでも諦めた人は他人が生き生きしていることが気になって仕方がなく諦めさせたい。だから相手に口出しをするための接点として「正義」や「親切」が使われる。あなたのためを思ってという言葉には、本当にこちらのためを思ってのものと、その人の鬱憤を晴らすためのものと二つある。

本当は欲しかったものがあって、一生懸命がんばったけど手に入らなかった。挫折からうまく立ち直れなかった人が嫉妬に染まる。自分が持っていないものを他人が持っているだけで恨めしい。とにかく幸せそうな他人が羨ましい。でも羨ましいと素直に言えるほど本心をさらけ出す勇気がないものだから、攻撃することで人を引きずり下ろそうとする。

こうした人の根幹には「人と自分が同じである」「同じでないといけない」という平等願望があるのだと思う。犠牲と成果はバランスするという世界観から抜け出られていない。世の中というものが不平等で、不条理だということが受け入れられない。

「なんで向こうはあんなに裕福に生まれてきたのに、こっちは貧乏なんだ」

「同じ努力をしているのに、なんであいつにはできて、なんで俺はできないんだ」

「こっちは諦めろと言われてきたのに、どうして諦めろと言われないやつがいるんだ」

この感覚を、西洋哲学の言葉では「ルサンチマン」という。

ルサンチマンは、支配される者の支配者に対する恨み、下の階級の人たちの上流階級に対する敵意と訳されるが、つまりは嫉妬や執着と似た感覚だ。この嫉妬や執着は、万国共通である。ルサンチマンの感覚は、西洋にかぎった話ではないと思う。東洋では、そうした感情を鎮めるための一つの考え方として、諸行無常に行き着いたのだろう。

諸行無常とは「この世のすべてのものは絶えず移り変わり消滅するもので、一刻の間も同じ状態を保つことがない。仏教の基本的な考え方の一つで、人生のはかなさをいう言葉」（三省堂『故事ことわざ・慣用句辞典』）という意味がある。

人はもともと不平等に生まれついていて、よい行いをしても早く死ぬかもしれないし、悪事を重ねても長生きをするかもしれない。自分が成功してもその成功が長続きするわけではなく、自分が失敗しても失敗したまま終わるわけでもないのだ。

第6章
自分にとっての幸福とは何か

高倉健さんはなぜヤクザ映画をやめたのか

今年八二歳になった俳優の高倉健さんは、国民的な人気がある俳優であり、同じ映画業界の人たちからも圧倒的なリスペクトを得ている存在である。そんな高倉さんが二〇一二年九月、NHKのドキュメンタリー番組で取り上げられた。ふだんはほとんどテレビに出ることがない高倉さんの番組ということで、かなり話題になったそうだ。そのなかで、初めて聞く高倉さんの過去について、とても興味深いエピソードがあった。

『日本侠客伝シリーズ』『網走番外地シリーズ』『昭和残侠伝シリーズ』など、高倉さんは当時の日本を代表するヤクザ映画の大スターだった。しかし、年間一〇本以上の作品を撮影する過酷なスケジュールに、高倉さんは疲れ果てていた。ヤクザ映画なので似たようなストーリーの作品が多く、次第に撮影に熱が入らなくなったという。

そんなとき、高倉さんは自分の作品を上映している映画館に足を運ぶ機会があった。座席だけでは収まりきらない観客が、通路のそこここに座っている。上映が始まると、スクリーンの自分に向かって観客の威勢のいい声が飛ぶ。自分では手を抜いた演技をしたと感じていたシーンにも、すべての観客が熱い視線を送っている。高倉さんは、その状況を見てこう思ったという。

「わかりません　僕にはなんでこんなに熱狂するのかなというのは　だから　とっても怖いメディアだよね」（NHK『プロフェッショナル　仕事の流儀』より）

高倉さんは、自分の心境と観客の反応のギャップを理解することができなかった。それをきっかけに、四五歳でスッパリと任侠映画から足を洗う。それだけでなく、仕事を保障してくれる映画会社までもやめて、不安定なフリーランスという立場に自らを追い込んでいった。

普通の人の感覚であれば、ふだんどおりにやっている仕事で周囲が熱狂してくれたらそれなりにうれしいと感じるはずだ。何となくしっくりこない思いがあったとしても、これでいいのかなと思ってやり続けるものだ。しかし、高倉さんは「これはおかしいぞ」と思った。

この状態はおかしい。こんな状態が続くわけがない。人気絶頂ですべてがうまくいっているときに、そう考えられる人は滅多にいない。僕は、そこが高倉さんの面白いところだと思った。もし高倉さんがそのときにやめず、そのまま任侠映画に出演し続けていたらどうなっていただろうか。

人は、社会的な評価に影響を受けるものだ。

今高い評価を受けているのだから、なんとなく「違うんじゃないか」と思っていても、自分の感覚のほうが間違っているかもしれないと自分のほうを修正してしまう。

「みんながいいと言っているのなら、違和感を感じた自分のほうが間違っているんだろう」

一方、自分なりの軸を強く持った人は、仮に社会的な評価が高かったとしても、自分の感覚を信じる。最終的に自分を信じるか、社会を信じるか。高倉さんの場合は、自分の感覚を信じたからこそ、次のステージに踏み出していったのではないだろうか。

周囲が評価してくれているときに、自分の感覚を信じて方向転換できる人は少ない。高倉さんは、自分のことを正確に分析できていて、自分に合う世界がどこかという考えを明確に持っていたのだと思う。

計算、打算は戦略の基本

先ほどの高倉さんのエピソードは、次のような話にすり替えられやすい。

「映画俳優という特殊な世界で、ほかの誰にも真似できない極みを目指している高倉さんのような人だからできることだ」

「健さんのようなストイックな人だからこそ、妥協したくなかったのだろう」

僕はそう思わない。純粋に高みを目指しているだけであれば、自分以外の周囲の評価をまったく気にすることなく突き進んでいくものだ。

しかし、高倉さんは観客の反応を見ていた。つねに自分の世の中における立ち位置を探っていて、あるとき何かしらそこにズレがあると感じたのだろう。だから、このままヤクザ映画を続けることが、これから先の自分の俳優人生にとってマイナスになるという計算が働いたのではないだろうか。

第二次大戦中、日本国民の大半が戦争遂行に突き進んでいるときに「この戦争に負けたらどうなるのだろう。ここで流されて戦争に賛成すると、いずれ後悔するのではないか」という感覚を持った人もいたと思う。こういう感覚を打算的だとか、計算高いと言う人もいるだろう。しかし、見方を変えればものごとを察する力があるといえるのではないか。

日本人は、計算高いことをマイナスにとらえる傾向がある。負けが見えていてもがんばることが尊いとされるのだ。確かに妥協しないことも大切だが、先を読むことは決して悪いことではないと思う。計算高いという言い方がえげつないのだとしたら、言い方を変えればいい。

「将来のことまでよく考えている」

「限りある人生を納得いくように生きている」

こうした表現であれば、拒絶反応を見せる人も少なくなるのではないか。

時間の限界という概念を持っていると、目先の評価に惑わされることはない。

「どうも俺は、この世界でがんばってもだめそうだ」
「ここまではやれたけれども、この先はないな」

本当のところを言えば、終わり際については誰もがそれなりに察していると思う。しかし、周囲から「ここで諦めたらもったいないよ」「うまくいっているし、みんなも喜んでいるのになんでやめるの？」という声が聞こえてくると、自分の感覚のほうが間違っているような気がしてくる。
「自分はこのくらいの者だ」という感覚が洗練されていないと、たまたまうまくいっていることや、たまたまうまくいっていないことが「すべて」だと思ってしまう。世の中の評価は移ろいやすく、褒めてくれていた人が手のひらを返したように冷たくなったり、貶しめていた人がいつのまにか持ち上げてくれていたりと、自分ではコントロールできない。だからこそ、自分の中に軸を持つことが大事なのだ。

手に入れていくことの幸福、手放していくことの幸福

世間の評価と自分の満足感は一致して当然。

僕もそう考えていた時期がある。だから、メダルがすべてだと思っていた。メダルを手に入れると収入が増え、女性からもモテて、メディアからもひっぱりだこ……そんなイメージを持っていた。つまりは世間的な「幸せ」や「成功」へのライセンスが、メダルを手にすることだと思い込んでいたのだ。

しかし、メダルを取ってみたら違っていた。人間は慣れるものだ。「いつまでちやほやしてくれるのか」ということを考え始めると、今の状態がそれほどいいとは思えなくなってくる。メダルを取った高揚感は、不安で打ち消されてプラスマイナスゼロとなる。つまり、普通の状態である。

「それが普通なんて、贅沢だ」と言う人も多かった。他人に羨ましいと言ってもらえる間は、なんとなく幸福なのかなという気もする。しかし、いつまでも人が褒めてくれるわけではない。だんだん冷静になっていくにつれて、いろいろなものが見えてく

る。

僕が取ったのは銅メダルだった。世の中には金メダルを取っている人もいる。銅メダルで有頂天になることに意味はない。そもそもメダルなど取らなくても、金持ちになっている人や女性にモテる人なんかいくらでもいる。

では、金メダルを取ったらもっと幸せになれるのだろうかと考えてみた。

たぶん、違うなと思った。金メダルを取ったら取ったで、また同じようなループに入っていくのだろうということは容易に想像できた。この状態は、誰かに褒められ続けていないと自分が成し遂げたことが確認できない「依存症」のようなものである。

さらに、どういう状態が幸せなのだろうと考えてみた。

「あのへんが幸せだ」

「あそこまで到達すれば幸福になれる」

他人由来の幸福は、つまり移ろいやすい世の中の評価の中心に振り回され続けることになる。そして未来にゆだねた幸福は、ずっと追い続けて摑んだと思えば慣れてしまい、もっともっとと加速する。幸福は外や先になく、今ここにしかない。

何でもかんでも手当たりしだいに手に入れることで、幸福が得られるわけではない。むしろ、ある段階がきたら「もうこれはいらない」と手放していくことで、幸福が近づいてくるのではないだろうか。最近の僕はそんなふうに思うようになった。

「何も諦めたくない」という姿勢で生きている人たちは、どこか悲愴である。仕事も諦めない、家庭も諦めない、自分らしさも諦めない。なぜなら幸せになりたいから。でも、こうしたスタンスがかえって幸せを遠ざける原因に見えてしまう。むしろ、何か一つだけ諦めないことをしっかりと決めて、残りのことはどっちでもいいやと割り切ったほうが、幸福感が実感できるような気がする。

賛否両論あると思うが、突き詰めていけば仕事と家庭はトレードオフだ。一日の時間は限られていて、仕事と家庭に同じ時間を割くことは無理である。

遅くまで残業したり、休日も返上して出勤したとしたら、今流行の「育メン」になることはできない。仕事をどこかで割り切らないと、責任を持ったかたちで子育てにかかわることはできないのだ。

現に、働く女性はそうやって仕事と育児を必死で両立させようとしてきたが、その過程で多くの犠牲を払ってきたのだと思う。仕事も諦めない、子育ても諦めない……

そうやっているど、どこかで行き詰まるものだ。

どちらかを完全に諦めろと言っているわけではない。ただ「今自分はどちらを優先したいと思っているのか」ということを自覚していないと、自分に対する不満ばかりがたまっていく。


「仕事もしたいのにできていない」

「子育てにもきちんと取り組みたいのにできていない」


あれも、これも手に入れたいという発想の行き着く先は、つねに「できていない」「足りていない」という不満になってしまう。

現代は生き方、働き方にも多様な選択肢がある時代だ。それはとてもいいことだが、すべてを選べるということではない。

確かに、多様な選択肢を持つことにはメリットもある。ただ、一方では選択肢がありすぎて選べないデメリットもある。それを考えると、メリットばかりを強調することは、自分の軸を見誤らせる危険性を高めていく。

「バカヤロー、おまえがなれるわけないだろ」

僕は手放したものの数で成功を測ったほうがいいと感じている。そして、何かを手放すためにはある程度の経験を積まなければならない。

逆説的に聞こえるかもしれないが、人間にとっての軸というものは、たくさんのものを見ることで形成される。昔であれば、歳を取っていくことと軸ができていくことが時間的に一致していた。だが、今の世の中は情報が与えられすぎていて、軸ができていない段階で突然多様な選択肢を見せられる。

若い親にとっては、子どもの可能性も無限に広がっているように見えるだろう。

「この子は音楽家になるかもしれない」
「勉強ができるから学者になるかもしれない」
「金メダルを取れるかもしれない」

夢を見るのは自由だが、これらが実現する可能性はきわめて低い。子どもは意思すらない段階で実現可能性の低い夢に向かって努力をさせられることになり、これはかなりきつい人生のスタートになると思う。

北野武さんが、あるインタビューでこんな話をしていた。子どものころ、武さんが何かになりたいと言ったとき、武さんのお母さんがこう言ったそうだ。

「バカヤロー、おまえがなれるわけないだろ」

武さんは、お母さんのことを「ひどいことを言う母親だろ？」と言わず、「そういう優しい時代もあったんだよ」と言った。

何にでもなれるという無限の可能性を前提にすると、その可能性をかたちにするのは本人（もしくは親）の努力次第といった話になってしまう。しかし「おまえはそんなものにはなれない」という前提であれば、たとえ本当に何者にもなれなくても、誰からも責められない。もしひとかどの人間になれたら、「立派だ、よくやったな」と褒められる。武さんは、それを「優しさ」と言ったのではないだろうか。

僕の母親は、僕が何か新しいことをやろうとすると、今でもよくこんなふうに言う。

「広島の田舎から出ていって、東京のど真ん中でなんて大それたことを」

この言葉は僕をすごく楽にしてくれる。期待値が低ければ低いほど、自由にチャレンジできる気がするからだ。

僕は「何にでもなれる」「何でもできる」という考え方には息苦しさを覚える。本当は、何にでもなれる人なんていないはずだ。しかし、誰もが結果的には何者かになっている。それを「何にでもなれる」から出発すると、何かすごいものにならなくてはいけないような気になってしまう。すると、すでに「何者か」になれている自分を、きちんと認めてあげることができなくなる。

だからといって自分をほかの誰とも比べることなく「オンリーワン」などと言っているのは、単なる自己満足にすぎない。そもそも自分の特徴が何であるのかすら、他人との比較がなければわからない。

まずは「自分はこの程度」と見極めることから始め、自分は「何にでもなれる」という考えから卒業することだ。そこから「何かになる」第一歩を踏み出せるのではないだろうか。

「やめてもいい」と「やめてはいけない」の間

期待値が低いとチャレンジしやすい気持ちになるのは、成功しなければならないという義務感から解放されるからだと思う。僕は母親から「陸上なんかいつでもやめていい」と言われていたが、それでかえってつらいときでも続けようという気になった。

「やめてもいいんだけど、やめたくない」

そんな心境だった。

「やめてもいい」と「やめてはいけない」の間に「やめたくない」という心境があるのではないだろうか。やめてはいけないことは「やらなければならない」ことだ。つまるところ、ノルマである。いくら好きなことでも、ノルマが課せられると楽しくなくなる。

ある心理学の実験で、子どもが自発的にやっていることに報酬を与えると、モチベーションが下がることがわかった。報酬というのは、義務を果たしたことに対するご褒美だ。ご褒美がもらえなくても面白いからやっていたことが、義務として強要された瞬間につまらなくなってしまう。

褒めて伸ばす、という考え方がある。

この考え方そのものは悪いことではないと思う。ただ、たとえば「速く走れたら褒めてもらえる」という条件づけがあると、勘のいい子どもは「速く走れなかったら褒めてもらえない」と理解する。極端にその条件づけが強いところで育ったアスリートは、外からの報酬や他者評価に対して、必要以上に敏感になっていく。

一方、そういう条件づけがないところで育ったアスリート、つまり放ったらかされて育ったアスリートは、競技に対する遊びの部分が残っている。その遊びの部分を自分のなかで面白がりながら取り組んでいるのだ。人は、褒められたり報酬を与えられたりすることで、遊びの感覚が薄れていく。

「今」に意識をおけば、じつは努力をしていること自体が報酬化している場合がある。将来の結果で報われるかどうかはわからなくても、「今が楽しい」というその状態こそが報酬になっているのだ。皮肉なことにそのとき、楽しんでいる本人には「努力と成功の取引をしている」という感覚がない。

「それをやったら何の得になるんですか」

最近の若い人はよくこんな問いかけをしてくる。「やめてはいけない」こと「やらなければならないこと」でがんじがらめにされている気がする。

「それをやったらこんないいことがある」と言うのではなく、「そんなことしても得にはならないよ」と言う「優しさ」もあると思う。「得にならなくても楽しいからやりたいな」という感覚をたくさん味わうことが、自分の軸をつくっていくことにつながる。

「やめてもいいんだよ」「やっても得にはならないよ」と言われても、意に介さずにやる人に共通しているのは、他人に評価してもらわなくても幸福感が得られているということだろう。

「こんな小さな成功で満足している自分は、くだらない人間なんじゃないか」

そんなふうに思うことなく突き進める人たちだ。

わかりやすいビッグな目標、絵に描いたような幸せ。こうしたものを求める感覚は、ソーシャル・メディアの発達によって拍車がかかっているように思える。すべてがつながって、何でも見える世の中になったことで、町民大会で終われなくなってしまったという感じがする。町民大会で勝ったら市大会に進む、そこで勝ったら県大会、全国大会、果てはオリンピックと、際限なく成功の階段をのぼり続けないと「こんなしょぼい成功で満足していいのか？」という罪悪感や未達成感がある。

もちろん、より高みを目指すのは価値のあることだ。だが「自分はここまででいい」という線引きがしにくい時代になっていることは確かだと思う。「やめてもいい」という発想は「自分がいいと思うところまででいい」ということでもある。幸せや成功の度合いにランキングなどないのだ。

他者に対する期待値を低くする

人生は自分で選べるものだという実感がある人と、実感がない人では、想定外のことに対するリアクションが違う。

アスリートの場合でいうと、コーチに怒りをぶつける人がいる。

「コーチが言ったとおりにしたのに、負けたじゃないか」

おそらく、コーチはコーチなりに最善の指導をしたのだろう。だが、コーチにも見えないことはたくさんあるはずだ。うまくいかなかったからといって他人を攻撃する人は、そのことに思いが至らない。

それは、ある意味で自分を過小評価しているということでもある。自分よりもずっと賢くてたくさんのことを知っている誰かが、正確な情報から割り出された正しい答えを導き出してくれる。そのとおりにやれば、自分は大丈夫なはずだ。そこには、まず自分が何かを選択するという概念がすっぽりと抜け落ちている。

コーチを選んだ自分が最初にいるはずなのにそれに気づいていない。そんなふうに考えていれば、うまくいかなかったときに「どうしてくれるんだ」と、相手を責める気になっても不思議ではない。

僕の現役時代の最後はコーチがいなかったし、最後は本当に一人でやっていた。だから人と距離を置く癖ができている。距離を置くというのは、仲よくならないということではない。期待しない、同調しないということだ。

僕は、コーチにそんなに期待してはいけないと思っている。世の中には自分より桁違いに賢くて、未来が正確に見通せる人がいるわけではない。

「人間だから、間違えることもある」
「どんなに優秀な人でも、わからないこともある」

こういうところを出発点にしていれば、想定外のことが起きたり、自分の思いどおりにいかないことが起こった場合に、相手を責める心境にはならないはずだ。自ら「じゃあ、どうすればいいんだ」と考えることができると思う。

実際問題として「なんでこんなことになったんだ、責任者を出せ！」とわめき散らすよりも、「この事態をどうやったらうまく切り抜けられるか」ということを冷静に考えたほうが、ものごとが好転する確率は高くなる。

人生には、想像もしていないところから災難が降りかかることもある。そんな「とばっちり」に直面したとき、人生を短期的に見ているかぎり、とばっちりはあくまでもとばっちりにしか見えない。そして、どこかにいるはずの「何でも知っている偉い人」に対する期待値が高い人ほど、どうしようもないとばっちりが起きたときのダメージは大きいものだ。

人生を長い目で見ると、とばっちりが起きてよかったと思えることはけっこうある。わが身に降りかかってきた災難が、その後の人生の転機になることもある。他者に対する期待値を低く持つことで、難局は好機にもなる可能性を秘めている。

世の中は平等ではないから活力が生まれる

世の中は、不平等である。

とくに、今の若い人たちからは、こんな声が上がっている。

「バブル世代の人たちに比べて、自分たちは割を食っている」

「中高年が若者の雇用を奪っている」

「自分たちは年金なんてもらえないんだから、払いたくない」

確かにそうかもしれない。でも、そうではないかもしれない。これは、単純な比較の問題にすぎない。過去と今を比べて文句を並べ立てても、何も生まれない。では、彼らが一〇年後、二〇年後の若者からこう言われたら、何と答えるのだろうか。

「あのころは、今に比べたらまだマシだったじゃないか。今の中高年は、いったい何をしてきたんだ」

過去は変えられない。未来のこともわからない。「不平等じゃないか!」と叫ぶ前に、まずは現実を直視することだ。組織が悪い、社会が悪いと責めるのはいいけれど、その間も人間は生きていかなければならない。社会が変わることをただ望んでも、その前に自分が死んでしまっては意味がない。

もちろん、不平等は解決するべきだと思う。しかし、社会やシステムが変わるのには膨大な時間がかかるし、その変化が新たな不平等を生み出すことも覚悟すべきである。政治的に誰かの取り分を増やすには、誰かの取り分を減らすしかないからだ。

人々を〝平等原理主義〟に駆り立てるのは何だろうか。

僕は「かわいそう」と「羨ましい」の感覚だと思っている。自分を基準にして「自分より不幸でかわいそう」な人たちを救うべきだと考える一方で、「自分たちよりいい思いをしていて羨ましい」人たちからはもっと取るべきだと考えるのだ。

ここでいう「かわいそう」は他者を引き上げる圧力で、「羨ましい」は他者を引き下げる圧力だ。こうした圧力によっていろいろなものを平均化していくことで、社会はある程度安定していくとは思う。

しかし、多くの人が考える一番のセーフティゾーンが「みんなといっしょ」というところになると、社会に活力がなくなるのではないかと思う。とくに「ほどほどがいい」「そこそこであれば」という言い方がされることがあるが、あくまでそれは結果論である。ほどほどを「目指す」というのは、ちょっと違う気がする。

みんな仲よくいっしょに生きていこう、という世界観は美しい。子どものころは、大人が守ってくれているから、それを信じることも可能である。しかし、一歩社会に出れば、勝つか負けるか、出し抜くか出し抜かれるかという現実にさらされる。その現実を受け止めて、なおかつみんな仲よくいっしょに、を目指し続けるには強さがいる。

現実の世の中は汚い、厳しいと嘆いてばかりいて何もしないのは甘えだと思う。「世の中」という誰かがいるわけではなく、私たち一人一人がすでに世の中の一部なのだ。リーダーがいない、景気が悪い、世の中はこんなにひどいと吠える人は、自分の人生が放ったらかしになっていないだろうか。僕にも思い当たる節がある。自分の人生と向き合わずに社会の問題なんて解決できるわけがない。もっといえば自分と向き合う勇気がないから、社会批判に走る。

世の中はただそこに存在している。それをどう認識してどう行動するかは自分の自由で、その選択の積み重ねが人生である。なんてひどい社会なんだ。そう嘆きながら立ち止まっているだけの人生もある。日々淡々と自分のできることをやっていく人生もある。選ぶのは自分だ。

モビリティを確保する

モノをたくさん持つことが豊かさだという時代は過去のものになりつつある。モノに縛られないことの豊かさや幸福感というものに、多くの人が気づき始めているのではないか。「ほどほど」や「そこそこ」を目指す気持ちは、「縛られたくない」という感覚ともつながるのかもしれない。

僕が言っているモノには人間関係も含んでいる。フェイスブックに友達が一人もいない寂しさもあるけれど、二〇〇〇人いることの煩わしさもあるのだ。

僕は昔から、人間関係を整理するとか、モノを整理して捨てるとか、かかっている費用を圧縮するということを定期的にやっている。捨てることで小さくなったり、軽くなったり、安くなったりするのが好きなのだ。しかも、モノを捨てて小さくなることで、選択肢が広がるような気になっていく。

「ああ、これがなくても生きていける」

「この程度しかかからないのなら、仕事をやめてもしばらくは大丈夫」

そういう気分だ。いつでも舞台から降りられるという解放感が生まれる。

僕は今、フリーで仕事をしている。

幸いにもいろいろなところから声をかけてもらっているが、どこかで「身軽にしておかないと」という気持ちが働いている。最初は「守り」のつもりで持ち物も人間関係も必要なものだけにギュッと圧縮してみたら、逆に選択肢が広がった。

やらなくてもいいことはやらない、つき合わなくてもいい人とはつき合わない。

そう割り切ると、思いもしなかった自由さが手に入った。自由になることは、財産が増えていくことと反比例するような気がしている。できることなら、ほとんどのことをまっさらにしておきたいくらいだ。

僕たちは生きていかなければならない。生きていくためのサイズを小さくしておけば、やらなければならないことが減っていく。何かをやめることも、何かを変えることも容易になっていくのだ。

僕の場合、モノを捨てることは、習慣というより儀式のようになっている。「本当に大事なものは何なのか?」ということを確認する機会なのだ。何もしないで放っておくと、気づかないうちにいろいろなモノをどんどんためこんでいる。だから、定期的に「禊《みそぎ》」をしなければならないと思っている。

昨年『人生がときめく片づけの魔法』(近藤麻里恵著)という本が爆発的に売れた。その前には『「捨てる!」技術』(辰巳 渚著)だっただろうか。定期的にそういう本が売れるということは、いかにみんなが捨てることに悩んでいるかということの証拠だと思う。

人が不安になるのは「これがなくなったら大変だ」と思うからだ。不安の種になりそうなものをあらかじめ捨てておくと、不安から自由になれる。

どうにかなることをどうにかする

陸上もそうだが、身体能力がかなり影響するスポーツは、成功するか否かが生まれたときに九九パーセント決まってしまう。

クラスでかけっこが一番速かった子が陸上部に入り、厳しい競争を勝ち抜いた者だけが市、県、国、そして世界へと上がっていく。そこまで上り詰めることができるのは、ほんの少しの選ばれた人だけだ。

どんな競技でも、スポーツをやっていれば「天才」に出会う。がんばれば夢はかなうと信じてがんばっていた僕も、どうにもならないような圧倒的な才能を目の前にして、自分の才能のなさを呪ったことがある。しかし、僕はすぐに考えた。

「ああ、これはそもそもぜんぜんモノが違う。じゃあ、僕にできることはいったい何なんだろうか」

スポーツをやっていると本物に出会ったとき、自分の限界をはっきりと知ることができる。本物と自分のどうにもならない「差」を認めたうえで、今の自分に何ができるのかということを考えるきっかけをもらえる。

「才能じゃない、努力が大事なんだ」

一見すると勇気づけられるこの言葉が、ある段階を過ぎると残酷な響きになってくる。この言葉は「すべてのことが努力でどうにかなる」という意味合いを含んでいて、諦めることを許さないところがある。挫折することも許されず、次の人生に踏み出すことのできない人を数多く生み出している。

究極の諦めとは、おそらく「死ぬこと」だと思う。いくら努力しても人は必ず死ぬ。ただ、その前の段階に同じぐらい大きな「老いる」ことを通じて、多くのことを諦めなければならない。

僕の現役時代の最後の四年間のコンセプトは「老いていく体でどう走るか」ということだった。ここでいう「老い」とは、アスリートとしての身体能力の低下である。普通に「年をとる」感覚とは少し異なるかもしれない。

ただ、まったく同じなのは、どこかで価値観を劇的に変えないと、自分ではどうすることもできない自然現象にずっと苦しめられるということだ。その苦しみから逃れるためには、「どうしようもないことをどうにかする」という発想から、「どうにかしようがあることをどうにかする」という発想に切り替えることしかない。

今の医学では、いくらお金を積んでも一〇年前の肉体に戻ることは不可能だ。だとしたら、そのお金を今の自分が一番大事だと思うことに使ったほうがいい。

「仕方がない」という言葉に対して、僕はもう少しポジティブになってもいいような気がする。「仕方がない」で終わるのではなく、「仕方がある」ことに自分の気持ちを向けるために、あえて「仕方がない」ことを直視するのだ。

人生にはどれだけがんばっても「仕方がない」ことがある。でも、「仕方がある」こともいくらでも残っている。努力でどうにもならないことは確実にあって、しかしどうにもならないことがあると気づくことで「仕方がある」ことも存在すると気づく。それが財産になると思う。そして、この世界のすべてが「仕方がある」ことばかりで成り立っていないということは、私たち人間にとっての救いでもあると思う。

暗黙のルール

サッカーワールドカップ２０１８ロシア大会で、日本が決勝トーナメント進出を決めた。一次リーグ最後のポーランド戦ラスト一〇分間で、追加点を狙わない「パス回しサッカー」で時間を稼ぎ、試合には負けたものの、決勝への進出を摑み取った。同じグループのコロンビアがセネガル相手に先制したという情報により、「フェアプレーポイント（イエローカード、レッドカードの少ないほうが勝ち）」でセネガルに勝つことに賭けたのである。

決勝進出に日本は沸いたが、このときの戦い方が問題視された。とても興味深い事例なので、これを考察してみたいと思う。

僕が興味深いと思ったことは以下の三点だ。

・W杯はエンターテイメントか勝負か
・ルールにないことはどの程度までやってもいいのか
・勝利条件はどこに設定すべきか

まず、W杯は勝負かエンターテイメントか。最もわかりやすい整理の仕方は、「見ている側にはエンターテイメントであり、やっている側には勝負である」というものだろう。だが、時に勝負に徹すると観客から見て面白くない戦術が有効な場合がある。

モハメドアリと、アントニオ猪木の試合では、猪木が寝転がって相手のパンチを事実上封殺するという手段を選んだ。これも、戦いにおいては正しい戦術だったのだと思うが、派手に殴り合う姿を期待していた多くのファンにとっては予想外だった。

このように、スポーツにおいて戦いに最も有効な手段が地味で絵にならないという場合はよくある。もし勝負に徹しすぎればスポーツのエンターテイメント性が失われ、ファンが減ってビジネスとして成り立ちにくくなる。一方で、エンターテイメント化しすぎれば、真剣勝負の緊張感がなくなって、これもまた面白くない。どこに立ち位置を取るかでスポーツは随分風景が変わってくる。

次に、ルールにないことをどの程度までやっていいのか、という点だ。英語では、unwritten rule（暗黙のルール）という言葉がある。あえて定義をしてみると「明文化されてはいないが、暗黙の了解で誰もがやらないこと」だ。日本は比較的この領域が大きいと思う。

真っ先に思い出される事例は、夏の甲子園で、明徳義塾高校の馬淵史郎監督が松井秀喜（星稜高校）に対して五打席連続敬遠を指示した一件ではないだろうか。ルール違反ではないものの、多くの批判を浴びた采配だ。まさにルールには書かれていないけれどもマナーとしてやってはいけないこと、と認識されている領域だったのだろう。

一方で、社会の破壊的イノベーションはこの領域で起きることが多いというのも確かだ。たとえば、違法すれすれ（地域によっては違法だったのかもしれない）の部屋貸しビジネスだったエアビーアンドビーが宿泊の世界を変えていこうとしているし、自家用車でライドシェアをするウーバーも世界各地で規制と闘っている。ひっくり返せば「暗黙のルール」の領域に踏み込まない文化ではイノベーションが生まれにくいともいえるのではないか。

陸上の世界の例でいうと、現在の走り高跳びで一般的な背面跳びは、かつては異端だった。開発者のディック・フォスベリーと会う機会があって聞いた話だが、当時のスタンダードだったベリーロールと比べられて、「ルール違反ではないが、美しくない跳び方だ」と批判されたこともあったそうだ。今では五輪の舞台で、この「フォスベリー」と呼ばれるようになったこの背面跳び以外の高跳び選手を見かけなくなるほど普及している。

最後に、意外かもしれないが、スポーツではそもそも「勝利条件」がはっきりしていない。勝利条件とは目的や目標と言い換えてもいい。スポーツだけでなく、社会において勝利条件はいつも複雑だ。

たとえば、チームを勝たせることを勝利条件とした高校の部活チームがあるとしよう。しかも新入部員は勧誘できず、今いる部員にはやる気がない者が多いという状態を想像してみてほしい。短期的には、やる気のない人間を動かすには恐怖を与えるという手段は有効だ。

ところが多くのチームはこのような手段は取らない。なぜなら恐怖による支配は、選手の人生を広げることと対極の手法だからだ。そう考える時点で、勝利条件はチームの勝利と、選手の長期的な成長との二つに増えている。そして、これ以外にも、通常はあるべきスポーツマンの姿、ステイクホルダーの満足、競技全体の発展、代表する学校の校風など、たくさんの勝利条件が加わってくる。コーチや監督はこのなかで日々意思決定をしている。

現実には、複数ある勝利条件を同時に満たすことはほぼ不可能だ。条件が多いほど難しい選択を迫られる。その結果、意思決定に迷いが生じ、戦略や戦術がぶれる。そしてチームも混乱する。こうならないように、多くの組織は「理念」などを設定して勝利条件をあらかじめ絞り込んでおくのだ。

勝利条件をシンプルに絞り込める人は強い。ただ、シンプルすぎると人を傷つけたり、仲間を不幸にしてしまったりする。さらに、勝利条件がシンプルな人だけのチームは弱くなる。全体の利益を考えるという視点が不足しがちになるからだ。

勝負の現場では、このバランスを取りながら意思決定がなされている。実はスポーツのリーダーがまずやるべきことは戦略や戦術ではなく、この勝利条件の設定であるということはあまり知られていない。

人が盲信するとき

友人の朽木誠一郎さんが書いた『健康を食い物にするメディアたち ネット時代の医療情報との付き合い方』という本を読んだ。人はなぜ盲目的に思い込んでしまうのか、そしてそういった人は救えるのか、というくだりに思い出すことがあり、考えさせられた。

競技人生ではプレッシャーが強く、かつ何が答えなのか見えないために（これは社会も同じかもしれないが）全体を整理してすっきり説明してくれる理論が出てくると飛びつきたいという欲求が芽生える。昔から、選手が怪しげな宗教や不可思議な整体師にはまったりということがよくあるのはこのためだ。

朽木さんの本にも書いてあるが、人体はとても複雑で、ある一つの理屈で説明できるほど簡単ではない。さらに、切り離された自分自身というものもいなくて、環境の影響を受けながら存在している。たとえば、調子が悪い選手がいて、調べると食生活が乱れているので栄養士と共にそれを改善したとする。ところが今度はその選手が練習に出てこなくなってしまった。話を聞いてみると、私生活で悩みを抱えていて、そのストレスのはけ口を食べ物で発散していたところ、それが制限されたので別のところに救いを求めていたことがわかった。個別の部分だけ見ても因果関係はわからず、全体は把握できない。個別事象の集合が真実にはなりえないのだ。

だから誠実なコーチは、言い切ることに躊躇する。ところが、選手から見るとそれはコーチの迷いに見える。はっきりと言い切ってくれる人のほうが信用できると思ってしまう。実際には物事を深く知らない人ほど、断定的な物言いをしやすいのだが、それがわかるほど選手は成熟していない。ほとんどの競技でスポーツ選手のピークは二〇代で訪れる。

僕も競技人生で、これは間違いないと思い込んではまった理論があった。その理論内容というより、絶対的な理論を求めて勝手にはまり込んだ自分の問題だったと思う。その当時の状態を分析すると、こんなふうになる。

「世の中は気づいていないが、私は真実に気づいた。みんなが理解できないのは深く考えていないからだ」

「この理論は完璧なので、いかなる反論も受け付けない。こちらが反論をする必要すらない」

「成功はどの程度信じるかによって決まる。より信じている人のほうが成功しやすい」

当時、僕は人のアドバイスを聞いているふりをしていたが、本当は自分が一番正しいと思っていた。「自分だけが気づいている」と思い込むのが盲信状態の一つの特徴でもある。頭の中は「これでうまくいくはずだ」と思い込んでいたが、当然そんな都合のいい魔法はないわけで、僕はどんどんスランプにはまっていった。そうなると人間はムキになる。ほら見たことかと周りに言われると、絶対にこのやり方が正しいことを証明してやると余計にはまり込んでいった。

冷静になったきっかけは、たまたまテレビで世界大会を見ていて、「そういえばあの選手は自分が今やっている理論を知らないけれどあそこまで行っているんだよな、もしかして頂点に至る道はこれだけではないのかもしれないんじゃないか」とふと思ったことだ。その瞬間、急に自分の姿がバカらしく思えて、冷めた。うすうす自分でも気づいているのだけれど今さら間違いを認めるなんてできない、と意地になっている自分の後ろに立って、肩の力をすっと抜いてあげるような感じだった。

盲信なのかそうでないのかは、線引きが難しいところがある。価値観というものはそもそも社会からのもらいものであり、僕も含めて誰もが何らかの思い込みの最中にいる。何かを強く信じているチームや組織は強いという事実もある。だから信じることが必ずしも問題だとは思わない。ただ、何かを強く信じていると、人の声が聞こえなくなることがあり、それに本人は気づかないことが厄介なのだ。やがて周囲からは孤立し、カルト的に何かを信じているグループから抜け出ることが難しくなっていく。

人がインフルエンザにかかるのは、ウイルスが原因だが、そもそもその人の免疫が弱っていることも関係している。同じように、盲信する人は、それが入り込む空白が自分の中にあったのではないかと思う。その空白は一時的に生じた場合もあれば、生涯にわたって抱えている場合もあるだろう。空白は誰にでもあるが、その空白感がもともと強い人もいるし、ある期間だけ強くなる人もいるだろう。いずれにしてもその空白に入り込んだものに依存しやすい。もっといえば、依存先を探している人もいるのかもしれない。たちの悪いものがその空白に入ると大変な思いをするが、その人にとっては空白を埋めてくれるものは救いになる。空白感よりハマっているほうがまだましだと感じるのだ。

僕が競技人生で学んだのは、自分の中にある苦しさは、外部から埋めることができないということだ。僕は若いころ「完璧」を目指していた。完璧があるから完璧ではない状態があり、故に欠損が意識される。その欠損をなくしていくことを自分では成長だと考えていたが、実際のところは穴埋め作業だったのだろう。競技人生前半の執着心あふれる姿と、今の適当な姿を見てあまりの違いに驚く人もいるが、徐々に競技観が変化し、完璧を目指すよりも、あるがままの発展を重視するようになったことが影響しているように思う。

力を入れるより抜くほうが数段難しいということも競技人生から学んだ。

やめる練習

『諦める力』という本を出したのは五年前のことだ。文庫版が出るのを機に読み返してみたら、なかなかいいことを言っているなと思う。当時よりもむしろ昨今の社会の空気の中で『諦める』というコンセプトが気になり始めたというべきか。

たとえば、テレビの世界で、最近はタレントが事務所を出るか出ないか、といった騒動がよく取り上げられる。しかしながら、夫婦ですら関係解消が珍しくない時代に、事務所との契約などいつ解消してもおかしくはない。そのリスクがあるからこそ、いったん成功したタレントの移籍を事務所が制限してきた。最近はそういうことを社会通念上やりにくくなり、タレントが本音を話し出したのではないだろうか。

スポーツ界にも定期的に不祥事が起きるが、多くの場合、問題の根源には外部の人間との流動性が低いことがあると思う。どの競技団体も選手が引退した後にお世話になる世界は、自分の出身競技団体になることが多い。その団体の人材流動性が低ければ、多少の違いはあれど、ある程度権力が集約されていく。実際にそうであるかはともかく、選手は自分の現役時代の振る舞いが引退後に自分が競技団体と関わるときに何らかの影響があるのではないかと勘ぐり始める。そうなるとどうしたって忖度がはたらいてしまう。僕のように外に出てしまった人は別だが。日本選手のコメントに、組織への提案、改善策の要求が少ないのには、そういった背景があると思う。

僕は常々日本社会の問題は人材流動性だと思っている。人が流れないので、組織がムラ化し、問題を起こす。組織への忠誠心の裏返しなのかもしれないが、関係が密になれば、社会の常識より組織の論理を優先するようになる。『葉隠』には、至極の忠節は諫言することであると書かれているが、こんなふうに強調しなければならないほど、主の耳に痛いことを言うのは難しかったのだろう。ただ、個人がはっきりモノを言うように教育の面から変えていくというのは、時間がかかるし現実的ではない。意思決定層の人をひたすら取り替えていくことでしか対応できないと思っている。

冷静に考えてみれば、契約先を変えたり、所属する組織や業界を変えたりすることは、引越しと同じで大した問題ではない。むしろ、先が読めない時代では個人は上手に船を渡り歩けたほうが安全なことのほうが多い。企業や産業なんて昔からどんどんなくなる運命にある。代わりに新しいものがどんどん出てくるにもかかわらず、人材流動性が低いのはなぜか。それはひとえに、日本人がやめる経験、変える経験を人生でできていないことに関係していると思う。一回目が怖いだけだが、人生でまだその一回目が訪れていない人もいる。

日本人は、もっとやめる練習をしたほうがいい。具体的には、外の世界がどうなっているかを定期的に観察し、なるべくたくさんの経験を持つということだ。やめることにはそれなりのリスクがあるというのは正しい。ただ、大事なのは何が危険かを理解することだ。実際の危険と、本人が恐れている感情の間には、とても大きな距離がある。たとえば、僕の母親は外国に対して過剰な警戒心を抱いていたが（むしろ東京にすら！）いざ一緒に旅行をしてみると、外国も東京も大した違いがないと思ったらしい。知らないことは過剰な恐れにつながりやすい。恐れはただの思い込みにすぎないが、長い間思い込みを持って生きていると、その思い込みが動かしがたい現実のように感じられるから厄介だ。

日本人はいったん築いた関係に執着しすぎるように思う。やめたり別れたりする練習の量が圧倒的に少ない。人間の関係など絶えず流動的で、出会って別れるのはむしろ自然で当たり前のことだ。やめる訓練ができていれば、無理やり組織の論理に自分を合わせ、やりたくもないことをやったり、言いたくもないことを言ったりしないですむ。

しかし、そもそも不満がないときはどうやってやめたらいいのか、という意見もあるだろう。確かにそうだ。不満がなければ無理にやめる必要はない、と普通は考えるだろう。ただ、僕はたぶん、不満がなくなったらやめる。なぜか。

僕は自分の人生に対して「こんなはずはない」という感覚がいつもある。簡単にいうと、人生に現実感がない。広島のベッドタウンで生まれて、幼稚園の運動会でなんとなく自分の足が速いと気づいてから、転がるようにしてこの人生を生きてきた。きっと普通の人よりも恵まれていることが多いのだろう。今でもときどき知らない人に声をかけられることがある。でも、この人生を自分で手に入れた、なるべくして今の自分になった、という感覚がほとんどない。むしろ、自分の人生はものすごい偶然の上に成り立っているもので、何かの拍子にパリンと壊れてしまうように感じられている。

講演などで会場の真ん中から壇上に出て行くとき、居心地が悪くてうまく歩けない。パーティーなどで中心にいるとそわそわする。話すのは好きだが、できれば隅っこからぼそぼそと話して、少しの笑いとちょっとじわっとくる話をしたいと思っている。

謙虚なんです、と言いたいのではない。むしろその逆で、本当は人前でちやほやされたいと思っているし、そもそもいつか東京で有名になることを目指してがんばって走ってきた。ところが競技で成績が出るようになり、多少なりとも人に認識されるようになってきて、注目されるチャンスをもらったら、うまくできなかった。いちばん苦手なのがCM撮影だ。自分はこんなところに出られるような人間じゃないという感覚が邪魔してうまく演技ができない。本当はそうじゃない人間が、そのように振る舞っているようで、みんなを騙しているような気分になる。こんな自分ですいませんね、という気持ちで出るようになったら幾分マシになった。

競技人生は浮き沈みが激しかった。中学生で全国チャンピオンになり、高校の1、2年と怪我で棒に振り、高校三年でチャンピオンになり、大学1、2、3年とスランプに入り、二三歳でメダルを取り、その後停滞し、二七歳でもう一度メダルを取り、その後は活躍できず引退した。

ずっとそうだった。才能はそれなりにあったし、努力もしていたと思うので勝つところまではいくのだけれど頂点に居続けられない。チャンピオンになりたいと思ってがんばるのだけれど、チャンピオンであることに慣れることができなかった。かといって負け続ければてめえこのやろうと俄然力が入り、人を押しのけてでも上に行く気になる。競技人生の浮き沈みは、偶然のようでいて、自分の性格が多分に影響していたと思う。

勝ち負けを繰り返すと、人の波が寄せたり引いたりする。最初はそれで一喜一憂する。うれしい、悲しい、うれしい、悲しい。でも次第に、うれしいときには悲しくなり、悲しいときにはうれしくなるということが起き始める。目の前で起きていることに現実感が持てなくなる。次第に執着心が薄れていき、違うところを歩いている感覚になる。安定しようとすること自体が最も自分の心を不安定にするようになり、不満がなくなると不安を感じるようになる。

何か安定してうまくいき始めると、変えたりやめたくなってしまう癖がこびりついてしまっているのだ。私のような人間は勝つと満足してすぐ怠ける。だから、ずっと懲らしめておかないといけない。地面がグラグラしている間は少なくともがんばるし、そういうときのほうが現実感がある。

おわりに

「陸上なんか、いつだってやめていい」

僕の母は、僕が陸上を始めたころから引退を決意する直前まで、こう言い続けていた。この言葉のおかげで、僕はやめてもいいしやめなくてもいいという心境で競技に向き合うことができた。だからこそ、ここまで長く競技生活を続けられたと思っている。

その母は、こんなことも言っていた。

「平凡な人生を」
「大それたことをしない」

陸上だけではなくすべてのことにおいて、僕がこれまで自由に人生の選択を重ねてこられたのは、こうした母の言葉があったおかげだ。

母のこの言葉は、僕にとっては「保険」のようなものだった。仮にすべてのものを失ったとしても、僕のなかにはなくならない何かが残っているという感覚だ。

もう少し具体的に言ったほうがいいかもしれない。

僕が他の人より上手くできたことといえば「かけっこ」だった。それで学校一になり、日本一になり、世界と戦えるレベルまでいくことができた。

しかし、そのどの時点においても、「べつに今やめてもゼロに戻るだけ」という感覚があった。よくアスリートで「自分にはこれしかなかった」「僕にはこれがすべて」という人がいるが、僕にはそういう感覚が希薄だった。

それでもうまくいっているときほど「なんだか不思議なほど調子がいいな」と他人ごとのように見ているところがあったので、何かが起きる前に先回りして不安に陥ったりすることはあまりなかった。


スター選手という人たちがいる。

長い競技人生だったので、僕もいろいろな選手に出会ってきた。彼らとてもともとは普通のアスリートにすぎなかった。しかし、何らかのきっかけで「スター」という新しい役割が与えられたとき、その役割にスコンとはまってしまう選手もいる。そういう選手たちは、まるでずっと前からスターだったかのように振る舞えるようになる。

僕は違った。

そもそも、僕は自分のことをスター選手だと思っていない。ただ、陸上という分野にかぎっていえば少しばかり注目を集めた存在であり、引退後もメディアを通じて多くの人に向けて自分の考えを発信する機会をいただいている。

そんな自分を不思議な感覚で眺めているもう一人の自分がいる。たまたま足が速かったばっかりに、こんなふうになっているだけだという感覚がいつまで経っても抜けないのだ。

僕にとってそういう状態でいることは非常に楽だ。今は祭りの最中で、祭りが終わったらもとの日常を過ごせばいいと思えるからだ。かといって、仕事に手を抜いているわけではない。逆に、今やるべきことを思い切りできる。

僕の場合は、こういう状態のほうが力を発揮できるような気がしている。

「どうせ劇も始まったことだし、思いきり舞台の上で暴れてみようか」

「たかが仮につくられた砂上の楼閣だから、どうせやるんだったら、いっちょうでかくしてみようか」

そんな感覚だと思う。

今いるところが最高で、そこから下がればマイナスと考えると、現状にしがみつくことになる。それは結果的に行動や思考を萎縮させることにつながる。今を守ろうとして今も守れないという状況だ。成功という執着や今という執着から離れることで、人生が軽やかになる——これが僕の言いたいことである。

「執着から離れる」などというと、宗教めいていると思われるかもしれない。

実際、僕は死ということをよく考える。死んだら人生は終わりだが、もともと存在しなかった人間が生まれ、ある時間を生き、また無に帰っていくと考えると、ただ「もとの状態」に戻るだけという気がする。

この話をすると、ならばあなたは人生が無意味というのか、といった反応をする人がいる。そうではない。なぜだか自分という人生を生きる羽目になったのだから、思いっきり生きたらいいと思うだけだ。最後には死んでチャラになるのだから、人生を全うしたらいい。そしてそこに成功も失敗もないと思う。

たかが人生、されど人生である。

人生が重すぎるのであれば、仕事に置き換えてもいい。就活でもいい。

「たかが仕事じゃないか」

「たかが就活じゃないか」

そんな気持ちでいられれば、結果を気にして萎縮することなく、全力を出すことができるのだ。意味と価値が過剰に求められる現代だからこそ「たかが」「あえて」というスタンスで臨むほうが生きやすいのではないだろうか。

僕は人生において「ベストの選択」なんていうものはなくて、あるのは「ベターな選択」だけだと思う。誰が見ても「ベスト」と思われる選択肢がどこかにあるわけではなく、他と比べて自分により合う「ベター」なものを選び続けていくうちに「これでいいのだ」という納得感が生まれてくるものだと思う。

何が自分に合うか合わないかを理解するには、一定の経験が必要だ。

若いうちは願望が先行するのはやむをえない。自分は鹿に生まれたのに、犬のほうが人気があるからといって犬になりたいと懸命にがんばったりする。でも、いくら努力しても鹿が犬になることはできない。

「夢はかなう」

「可能性は無限だ」

こういう考え方を完全に否定するつもりはないけれど、だめなものはだめ、というのも一つの優しさである。自分は、どこまでいっても自分にしかなれないのである。それに気づくと、やがて自分に合うものが見えてくる。

諦めるという言葉は、明らめることだと言った。

何かを真剣に諦めることによって、「他人の評価」や「自分の願望」で曇った世界が晴れて、「なるほどこれが自分なのか」と見えなかったものが見えてくる。

続けること、やめないことも尊いことではあるが、それ自体が目的になってしまうと、自分というかぎりある存在の可能性を狭める結果にもなる。

前向きに、諦める——そんな心の持ちようもあるのだということが、この本を通して伝わったとしたら本望だ。

二〇一三年五月　　為末　大

為末 大 （ためすえ・だい）

1978年広島県生まれ。スプリント種目の世界大会で日本人として初のメダル獲得者。男子400メートルハードルの日本記録保持者（2018年9月現在）。現在は、スポーツ×テクノロジーに関するプロジェクトを行うDEPORTARE PARTNERSの代表、アスリートによる社会貢献を広げる一般社団法人アスリートソサエティの代表理事を務める。新豊洲Brilliaランニングスタジアム館長。

本書のほかに『逃げる自由』『限界の正体』『走る哲学』などの著書がある。

本書のプロフィール

本書は二〇一三年六月にプレジデント社より単行本として刊行された同名作品を改稿したものです。文庫化にあたって、「暗黙のルール」「人が妄信するとき」「やめる練習」の三編を新たに収録しました。

小学館文庫プレジデントセレクト

諦《あきら》める力《ちから》

著者　為末《ためすえ》大《だい》

二〇一八年十月十日　　初版第一刷発行

発行人　岡　靖司
発行所　株式会社　小学館
〒一〇一-八〇〇一
東京都千代田区一ツ橋二-三-一
電話　販売〇三-五二八一-三五五五
編集（プレジデント社）
〇三-三二三七-三七三二
印刷所――凸版印刷株式会社

ISBN978-4-09-470023-7